YO DESPUÉS DE TI

GIO
ZARARRI

YO DESPUÉS DE TI

Cómo mejorar tu vida
tras una ruptura

DIANA

Obra editada en colaboración con Editorial Planeta – España

Bajo el sello editorial DIANA M.R.
Avenida Presidente Masarik núm. 111,
Piso 2, Polanco V Sección, Miguel Hidalgo
C.P. 11560, Ciudad de México
www.planetadelibros.com.mx

Primera edición impresa en España: octubre de 2023
ISBN: 978-84-08-27727-9

Primera edición en formato epub en México: febrero de 2024
ISBN: 978-607-39-0972-3

Primera edición impresa en México: febrero de 2024
ISBN: 978-607-39-0973-0

Algunos de los nombres y de los rasgos característicos de algunas personas se han modificado para proteger su privacidad.

Impreso en los talleres de Litográfica Ingramex, S.A. de C.V.
Centeno núm. 162-1, colonia Granjas Esmeralda, Ciudad de México
Impreso en México – *Printed in Mexico*

A mi hermana María.
Gracias por ser esa luz que ilumina mi camino.
Te quiero.

ÍNDICE

CAPÍTULO 2:
EL VIAJE INTERIOR 61

CAPÍTULO 3:
REMEDIOS PARA EL DESAMOR 113

INTRODUCCIÓN

La mejor manera de sacar provecho de este libro

El amor de pareja tiene un fuerte impacto emocional en nuestra vida. Cuando es recíproco nos sentimos las personas más felices del mundo, pero cuando se produce el abandono, el desamor o el duelo nos hace sufrir, en ocasiones con una intensidad que jamás habíamos imaginado. Así me ocurrió a mí y por ello decidí escribir este libro, una especie de manual en el que, a través de mi experiencia, poder ayudar a otros a entender lo que ocurre en nuestro cerebro y lo que nos sucede por dentro, para conseguir encontrar una respuesta al dolor sincera y duradera.

Sé que te resultará complicado aceptar muchas de las ideas que encontrarás en estas páginas. Al igual que tú, yo también he sufrido este dolor, y sé que intentarás aferrarte con todas tus fuerzas a cuanto crees haber vivido, intentando no defraudar a eso que para ti fue amor verdadero.

Te costará aceptar que esa persona a quien tal vez idealizas no era realmente como tú pensabas, o que aquello que sientes como el más increíble de los romances seguramente tampoco lo fue tanto. Quizá intentarás aferrarte al pasado, a su recuerdo y a todo lo que viviste a su lado, y de esta manera sabotearás muchas veces cualquier esfuerzo por recuperar la ilusión y la alegría que tanto necesitas.

Este no será un viaje fácil y entiendo que serán muchas tus excusas y autoengaños, algunos de las cuales te costará un tiempo descubrir. Pero para eso ha llegado este libro, para intentar abrirte los ojos poco a poco, explicándote cuáles son los motivos de este paralizante e innecesario sufrimiento y cómo ponerle fin.

Es viviendo como descubriría el camino, la única solución con la que traté toda esa pena que parecía intentar alejarme de la vida. Viviendo conseguiría aceptar mi situación y finalmente pasar a la siguiente página hasta superar el dolor. En ese camino no intentaría dejar de sentir ni buscaría engañarme con olvidos inútiles, odios irracionales o nuevas e indeseadas relaciones. La vida me demostraría que solo existía una manera para afrontar el dolor y que de nada servía esconderlo; en caso de intentarlo, volvería con más fuerza.

Si amaste y la relación terminó de una manera que no deseabas ni esperabas, te será inevitable sufrir. Así somos y así estamos programados los seres humanos, es una necesidad que, como pronto entenderás, tiene mucho sentido.

Este sufrimiento se conoce como aflicción, y la única manera de superarlo supone, en última instancia, conseguir aceptarlo. Es normal intentar evitar esa angustia, ansiedad o ira que se siente en alguna de estas etapas del duelo. Es por ello que muchas personas se obsesionan con el trabajo o el deporte, se entregan a los excesos o se arrojan de rebote a los brazos de otra persona. Les costará darse cuenta de que, por mucho que intenten liberarse de esa aflicción, esta va a seguir ahí, en lo más profundo, y acabará por regresar.

Intentar escapar del dolor es algo muy parecido a intentar sujetar una pelota bajo el agua. Si lo has intentado alguna vez, ya sabes que permanecerá sumergida mientras empujes con fuerza, pero en cuanto se te canse el brazo saldrá disparada con más fuerza todavía.

Si te esfuerzas por huir del dolor, notarás que te agotas tanto física como emocionalmente, y, lo que es peor, ese esfuerzo solo hará que el problema sea cada vez más grande, duradero y complicado…

Así funciona el ser humano y para esto sirven las emociones, una realidad que se compone de las conocidas «fases del duelo» que necesariamente vas a tener que atravesar; aquí te ayudaré a conocerlas y a comprender mejor ese camino por el que vas a transitar.

En estas páginas te ayudaré a dar esos pasos necesarios de un modo consecuente e inteligente, y a comprender que, lejos de perder, tienes mucho que mejorar y aprender; a ver que, una vez que hayas recorrido todo el camino, seguramente te convertirás en una persona que tiene mucho más que ver con quien realmente deseas ser.

Ante el duelo por desamor tienes dos opciones: evitar tu aflicción e intentar esconder el dolor, o aceptar esta etapa como un periodo muy duro emocionalmente, pero que lejos de alejarte de tu esencia y de tu felicidad, te ayudará a acercarte cada vez más a estas. Puedo asegurarte, y así me lo ha demostrado la vida, que de nada sirve escapar de este dolor. Todo aquel que lo ha intentado solo consigue mantenerlo, convirtiéndose en alguien que no deseaba ser; yendo en busca de situaciones, personas o cosas que realmente no quería y que incluso le hacían daño; dándose golpes contra un muro mucho más tiempo del necesario. Es por eso que en este libro no vas a encontrar atajos, falsos remedios ni ritos extraños para reconquistar a tu ex o echarle el mal de ojo. En este libro vas a descubrirte a ti mismo, a conocerte a ti mismo, para así ir en busca de ese amor que realmente necesitas. Un amor que debe empezar por la persona más importante de tu vida, que, aunque ahora te cueste verlo, eres y serás siempre tú.

En mi experiencia, acabé por darme cuenta de que era imposible evadir la necesidad de atravesar ese dolor en solitario, a no ser que quisiera vivir una vida acompañada del odio y el resentimiento, manteniendo abierta una herida que no solo me provocaría sufrimiento a mí, sino también a todas aquellas personas que quisieran entrar en ella. Reconocí que solo existía una fórmula para superar el dolor. Una fórmula que te voy a revelar en este libro y que espero que te ayude a cambiar tu vida, transformando esa falsa idealización de tu pasado para mostrarte un presente y un futuro mucho más prometedores, mágicos y llenos de posibilidades que seguramente ahora puedas creer posible.

Así pues, me tocó afrontar el duelo y atravesar todas sus fases. Acompañado de este dolor me adentré en un viaje interior que me ayudaría a entenderlo y aceptarlo, hasta adoptar y mantener en mi vida todas las lecciones que este duelo me iba a enseñar. De esta manera, comprendiendo mejor no solo la vida, sino también a mí mismo, conseguiría eliminar muchos de esos obstáculos que siempre me habían alejado de la felicidad.

Te recomiendo, para poder descubrir también todas estas verdades que van a transformar tu vida, que procures dejar a un lado el pasado para centrarte en esta nueva aventura. Un camino que espero que te ayude a comprender que superar el desamor puede ser mucho más sencillo y agradable de lo que creías posible. Yo te ayudaré con información, consejos, ideas e incluso ejercicios, pero la actuación debe de ser única y exclusivamente tuya.

No pretendo darte ahora razones que deshagan todo aquello que te esfuerzas en creer y sentir; prefiero que seas tú mismo quien lo vaya haciendo, paso a paso. Espero que pronto puedas demostrarte a ti mismo el engaño en que has vivido al mantener este dolor durante mucho más tiempo del necesario.

Pronto entenderás que eres mucho más de lo que crees, y que la vida también puede traerte muchas y mejores muestras de amor y de cariño. Para conseguirlo antes, sería buena idea que, cuando leas estas páginas, intentes trabajar en muchas de las actividades o consejos que vas a conocer, para que puedas aceptar si es cierto, o no, aquello que te cuento.

Para conseguir sacar el mayor provecho a estas páginas, te corresponderá responsabilizarte de tu vida y luchar por estar aquí y ahora, sin obstinarte en deshacer esta realidad con cualquier otra idea, suposición o recuerdo. Tienes que ser tú quien pruebe, sienta y decida, y así serás tú quien cambie poco a poco tu mentalidad y, con ello, tu realidad.

Llegó el momento de pasar a la siguiente página y descubrir esa nueva versión que siempre te ha estado esperando.

> No existe mejor momento que ahora para cambiar de canal y sintonizar con todo aquello que te acerque a esa vida que realmente deseas y necesitas…

Yo después de ti está basado en la historia real de un duelo tan doloroso como inesperado, que puso mi vida contra las cuerdas, pero que también me ayudaría a cambiarla y mejorarla por completo.

CAPÍTULO 1

EL VACÍO

Def. vacío, vacía

[recipiente, espacio] Que no contiene nada.

Y, de repente, vacío estaría yo...

EL INICIO DE TODO

«Es tan corto el amor y tan largo el olvido...».

PABLO NERUDA

Hacía semanas que mi mente se había convertido en una especie de lavadora que centrifugaba pensamientos sin orden ni sentido, y lo peor de todo era que, aunque no dejaba de dar vueltas y vueltas, no me quedaba nada claro.

Mi relación había terminado. Tras unas últimas palabras, empecé a vivir un duelo que no esperaba y que me hundiría en la experiencia más complicada y amarga de cuantas había vivido. Una lucha que, en aquellos momentos todavía en la primera de sus fases, la de la *negación*, no aceptaba.

Pero existía un recuerdo, una realidad, que pronto aceleraría esas primeras etapas del duelo, una situación que me alejaría de la vida y que haría del temor y la angustia mis más fieles compañeros.

Recordar la indiferencia de sus ojos conseguía darle sentido a todo. De nada servía negarlo, como tampoco seguir hablando o negociando con ella: aquella mirada reflejaba lo que sentía su alma, un alma, la de mi ex, que hacía ya mucho tiempo que había dejado de sentir algo por mí. Las palabras podían llevar a engaños, pero la mirada no. Yo sabía que quería seguir disfrutando de aquello que consideraba amor verdadero, pero podía reconocer que todo había terminado. El dolor de esa verdad que había reconocido en sus ojos haría que mi mente recordara una y otra vez, durante días, aquellos instantes.

Un recuerdo que me hacía descubrir una única cosa, la total indiferencia a la que acompañaba una frase que desgarraba mi corazón, esas palabras que consiguieron pronunciar aquello que revelaba su alma: «Ya no te quiero». A partir de entonces este recuerdo se convertiría en la peor de mis técnicas de tortura y masoquismo. Creo que fue justo al darme cuenta de ello cuando mi vida dio un giro inesperado que me sumiría en la más indeseada y desconocida de las penas.

Aquellos primeros días, en uno de mis intentos por descubrir una idea inspiradora que me ayudara a dejar de sufrir tanto, me acerqué a casa de mi amigo Sammy, cuya voluntad de hierro lo convertía en una persona capaz de sobreponerse a cualquier dificultad. Yo buscaba respuestas, soluciones, y sentía que tal vez en él podía encontrar aquello que tanto necesitaba.

Esperaba respuestas, pero parecía que mi amigo o no las tenía o no las consideraba necesarias. Seguramente comprendía también que mi cabeza hacía tiempo que había dejado de utilizar la lógica, y no le faltaba razón...

Mi mente se limitaba a regresar una y otra vez al recuerdo de aquellos ojos y aquellas últimas palabras, y todo eso daba forma a un sentimiento que me acercaba a una realidad que no quería ni sabía cómo aceptar, y mucho menos expresar en palabras.

Aquella relación se había convertido desde hacía tiempo en la cuestión más importante de mi vida, hasta el punto de haber apoyado en ella todo su sentido. Y ese sentido se había perdido para siempre: por mucho que intentara engañar a mi razón con el corazón, sabía que no iba a conseguirlo.

Así llegó aquel instante en el que comencé a observarme a mí mismo desde afuera. Me veía caer, e incluso podía sentirlo: una especie de remolino me arrastraba lentamente a su interior, perdía el control mientras notaba cómo algo se estaba desconectando en mi interior. Complicadas sensaciones recorrían mi cuerpo, y mientras sentía cómo la angustia me llenaba de dolor, comenzaba a comprender que existía algo que me alejaba de la vida... Perdía el equilibrio, e instintivamente tuve que apoyarme en la pared. Pero aun así seguía cayendo, y sentí que el más absoluto y enorme de los vacíos llegaba a mi vida para quedarse. Quería gritar, pedir ayuda, llorar o buscar consuelo, pero allí no había nada ni nadie. En aquella dimensión ni siquiera estaba yo.

Mi vida había cambiado y, por desgracia, largo y doloroso sería el camino hasta conseguir salir de aquel duelo en el que me hundía.

El infierno del desamor me abría sus puertas y, lo quisiera o no, tenía que descubrir cómo salir de allí. Para empezar, debía entender mejor de qué estaba hecho este dolor...

EL DESAMOR

«Cuanto más vacío está el corazón, tanto más me pesa».

AMIEL-LAPEYRE

Tal vez el motivo que nos hace sentir tan vacíos cuando esa persona que considerábamos «nuestra otra mitad» decide tomar un camino distinto al nuestro sea más la manera en que vivimos la relación que la realidad en sí.

En mi caso, esta realidad se presentó cuando mi corazón hizo admitir a mi razón que la batalla estaba perdida. La indiferencia en su mirada no dejaba lugar a dudas, no había vuelta atrás y obstinarme en creer lo contrario solo alargaría el sufrimiento...

Tanto dolor e incomprensión me hacían sentir como si una parte de mí mismo se hubiera ido para no volver jamás, y lo peor de todo era que, si algo de mí había desaparecido aquel día, esa era mi parte buena. No me daba cuenta, pero había idealizado tanto a mi ex que me había dejado a mí mismo de lado. Sin ella, y ahora también sin mí, la sensación de abandono era tan grande que el mundo entero parecía caerse encima de mí. No quería esta situación, y menos aún tener que afrontarla solo...

Era difícil aceptar que aquello estuviera sucediendo. Maldecía al mundo, a la vida y a mi ex casi a diario. Después, al darme cuenta de que nada cambiaba, intentaba negociar con ella y con la vida, pero nuevamente la indiferencia lo dejaba todo claro. Poco a poco aquel infierno no solo se haría más oscuro, sino también más peligroso y complicado.

Pero el paso del tiempo y el descubrimiento de otro amor más importante, aunque totalmente nuevo y desconocido, me harían comprender muchas de las armas con las que contaba para, tras numerosas y complicadas batallas, terminar el ciclo y conseguir quitarme esa venda que me había mantenido engañado.

El duelo de la ruptura puede tomar diversas formas, y a mí me había tocado sufrir la más complicada, en la que el amor deja de ser recíproco y te sientes abandonado. Yo seguía esforzándome en el que consideraba el más hermoso de los romances, pero ella parecía haber dejado de creer hacía tiempo. Yo empezaba de cero y sin querer empezar, mientras que esa otra parte que tanto amaba había llegado al final de este camino hacía mucho tiempo.

Muy duros serían mis despertares a partir de entonces, pero el dolor también me recordaría que mía era la responsabilidad de superar cada una de las batallas que debía enfrentar, las conocidas como fases del desamor, las «etapas del duelo».

Las fases del desamor, las etapas del duelo

Dado que estás leyendo este libro, es bastante probable que ya te encuentres en una de las fases del duelo. También puede que, como me ocurrió a mí, ni las comprendas ni las desees, y que tampoco sepas ponerles nombre. Pero te puedo asegurar que ayuda muchísimo conocerlas, y comprender dónde y cómo te encuentras, para saber lo que todavía te corresponderá afrontar, qué vas a sentir, y cómo, también, podrás acelerar este viaje en el que el dolor y la pena serán tus fieles compañeros.

> La vida demuestra que unas veces se gana y otras se aprende, y esta es una de las segundas enseñanzas, por lo que de nada va a servirte intentar correr o buscar atajos.

Necesitas aprender y volver a levantarte, y, si quieres recuperarte, te corresponderá aceptar tu realidad y aprender de ella hasta convertirte en alguien mejor y más fuerte. Por eso estás aquí y por eso en las próximas páginas vas a comprender mejor cómo funciona este duelo.

Volveré atrás en el tiempo para explicarte cómo pude darme cuenta de que el duelo había comenzado...

Había vivido situaciones semejantes en el pasado, pero esta vez me sentía más herido que nunca. Pasaban los días y los meses y nada mejoraba, sino todo lo contrario. Terminaba una historia de mi vida, pero no era una cualquiera, sino esa en la que había decidido apostar todas mis fichas. Como ante la muerte de un ser querido, sabía que nunca más volverían las sonrisas, las ilusiones o esperanzas, y también terminaban los abrazos y esas miradas de complicidad o de deseo que hubiera querido que fueran eternas. Comprendía también, y eso dolía aún más, que no solo había muerto para mí, sino que ahora podía estar llenando de ilusión la vida de otra persona...

Y, por extraño que pudiera parecer, lo peor no era el dolor, sino reconocer que nada cambiaría con el tiempo. Por mucho que me costara aceptarlo, solo parecía existir una solución: recuperar esa ilusión por mi vida que ahora parecía perdida. Entendía que si lo hacía bien, todo podría cambiar, aunque todavía me costaría mucho volver a desearlo.

Muchos libros y manuales hablaban de ese proceso que ahora debía vivir, «el duelo del desamor», una lucha en la que el objetivo final sería trabajar para volver la vista al frente y dejar de vivir en un pasado que me alejaba de la vida.

Simple y rápida sería mi primera reacción ante aquella ruptura: esforzarme en *negarlo todo*.

La fase de negación

Tardaría un tiempo en conocer a profundidad la teoría que escondía cada una de las etapas por las que me iba a adentrar. De todas ellas, la de la negación era la más rápida, y también una de las más prácticas. Y es que la primera respuesta del ser humano ante el dolor y la pérdida es bien conocida: negar y considerar inconcebible aquello que nos sucedió. Es una manera de protegernos y evitar el dolor de la ruptura o la pérdida.

Mi caso, en el que entraré en detalle más adelante, era el de un joven que vivía a miles de kilómetros de casa y a quien la edad le hacía creer que había llegado el momento de sentar cabeza; alguien que había puesto toda la carne en el asador para descubrir finalmente que era yo mismo quien, con mis muchas ideas equivocadas, acabaría quemándome.

Reconocer la indiferencia de mi ex hizo que en mi duelo particular esta etapa durara bastante poco. Aun así, los primeros días intenté convencerme por todos los medios de que pronto todo volvería a ser como antes. Esos primeros días, recién llegado a «la casa del desamor», despertaba creyendo que aquello no podía ser real y que menos aún podía estar pasándome a mí. Era tal mi autoengaño que una de mis primeras reacciones en esos tiempos era buscar constantemente en mi celular sus insistentes llamadas y mensajes. Mi mente jugaba conmigo para intentar demostrarme que se había dado cuenta de su enorme equivocación... Pero avanzaban los días y no sucedía nada de lo que yo esperaba. Pasaban las semanas y no tenía noticias suyas, una situación que me hacía enloquecer.

Así, rápidamente llegarían momentos para la ira o para intentar negociar esta situación con ella. Este sería el modo en que cruzaría alguna de las diferentes etapas del duelo. Recordando esos momentos me doy cuenta de cómo la tristeza aún no se hacía del todo insoportable, ya que durante estas primeras fases intentaba que la negación o el autoengaño, la rabia o la confianza en mis habilidades de persuasión, me ayudaran a conseguir mi ansiado objetivo. Pero me daba cuenta de que no conseguía nada y poco a poco la rabia se apoderaba de mí, hasta envolverlo todo...

La fase de ira

Para que volvamos al presente y nos demos cuenta de cuál es nuestra realidad, te recomiendo que, mientras te sumerges en el ejemplo de mi experiencia, intentes reflejarte en ella y pruebes a identificar con ella tu realidad. Intenta pensar en tu caso particular y pregúntate: «¿En qué fase del duelo estoy? ¿Puedo darme cuenta de cómo se encadenan y cómo se comunican entre ellas también algunas de estas etapas?».

Superar el desamor no significa intentar escapar rápidamente de este desafío, sino hacerlo bien, dando tiempo al tiempo y comprendiendo muchos de esos motivos que nos llevan a despreciar el presente e incluso a cometer el error de valorar más a nuestra expareja que a nosotros mismos. Por todo ello, reconociendo tu realidad, tus verdaderas intenciones y sentimientos, podrás encontrar esas herramientas que te ayudarán a convertirte en una persona más fuerte y así sacar provecho a todo este dolor que ahora sientes.

Si te encuentras en la primera etapa, la de la negación, una buena manera de afrontarla sería asumir que, lo quieras o no, muchas veces intentarás negar la realidad. Si lo reconoces, podrás comprender los intentos de autoengaño que te abordarán en esta fase. Lo mismo podrás hacer cuando veas que tu rabia es más fuerte que tú, y comprenderás que te encuentras en la fase de ira. Cuando esto suceda, no temas estar volviéndote loco: estás empezando a reconocer que negar la realidad no sirve de nada, cambiarás de fase e intentarás conseguir tu objetivo de esta otra manera, del mismo modo que una vez que pase la ira lo intentarás negociando. Lo quieras o no, eres un ser humano y vas a tener que pasar por todo esto. Pero créeme, si lo haces bien, va a mejorar tu vida, y mucho.

En mi caso, veía que no conseguía nada negando la realidad, comenzaba a sentirme frustrado, y el enojo y la incomprensión se hacían cada vez más fuertes. Seguramente existieron momentos en que perdí el control e incluso llegué a despreciar todo lo que me rodeaba... Cuanto más real se hacía la situación y la idea de negación iba perdiendo fuerza, más usaba la ira para seguir creyendo que, de una manera u otra, todo aquel sinsentido terminaría.

Creía que esta rabia me ayudaría a hacer justicia y que lo conseguiría rápidamente. En esos momentos pensaba que el odio se podría convertir en un buen aliado para hacer el trance más fácil, o que la cólera podía ayudarme a luchar por mi propia justicia consiguiendo terminar el ciclo del desamor más rápidamente.

Pero antes de terminar con todo, siempre pensaba que merecía hacer un último intento, y llegaba el momento de intentar negociar...

La fase de negociación

Quizá sea también tu caso y, al igual que hice yo por creer tan mágico, sincero y verdadero aquel amor, puedas creer en algún momento que tu ex perdió la cabeza e intentes por todos los medios hacerla entrar en razón. Puede parecer lógico y hasta bonito intentarlo, pero, si no conseguimos ningún tipo de acercamiento por la otra parte y todo nos indica que la batalla está perdida, es nuestro deber alejarnos de obsesiones sin sentido y luchar por nosotros mismos, aceptando que será la vida y no nuestras habilidades de negociación la que finalmente ponga las cosas en su lugar.

Cuando entraba en esta etapa de negociación creía ser más racional y objetivo, aunque después la realidad me demostraba que estaba siendo todo lo contrario. Me convencía a mí mismo de que mi expareja no veía las cosas con claridad, con lo que insistentemente le pedía volver a pensarlo y recapacitar...

Los mensajes, las llamadas, los intentos y las intenciones se hacían infinitos, y todo se convertía en una obsesión en la que el miedo y la impaciencia no hacían sino empeorarlo todo. Llegaban así temores y malos pensamientos, como esos que me susurraban que podían ser otros los brazos que la consolaban, una situación que me hacía perder la cabeza... Todo había terminado, era real, no había vuelta atrás ni podía negociarse y, aunque ni imaginaba ni quería una vida como la que formaba aquel presente, la ira se convertiría en fiel compañera de este periodo. Y hacía más potente y complicada la más angustiosa de las etapas, la de la depresión, realidad a la que acababa de llegar para quedarme...

La fase de depresión

Si estás leyendo este libro, es muy probable que estés pasando por esta etapa o que la pena sea tanta que te cueste sobrellevarla. Seguramente te des cuenta de que, aunque hayas tenido anteriores parejas o hayas sufrido otros duelos, esta vez es diferente, y tanto la negación como la rabia, la negociación, y sobre todo la tristeza, son mucho más fuertes que como las conocías.

Si es así, no temas. No eres ni serás la única persona que ha sufrido un abandono, y pronto podrás darte cuenta de que seguramente tu relación no fue tan mágica, ni tu ex alguien tan maravilloso, ya que de ser así ni la realidad del desamor ni esta historia que ahora lees existirían.

Somos muchos los que hemos sufrido este dolor y seguramente la mayoría podemos asegurarte que, una vez que pase todo esto, te darás cuenta de que mucho de este sufrimiento realmente no valía la pena. Aunque se alargue este sentimiento tan amargo, puedo asegurarte que pronto lo habrás superado.

Leer este libro te demuestra que estás trabajando en ello. Estás intentando poner en orden tu vida y tus sentimientos, y pronto podrás descubrir cuál es el mensaje y la lección que este duelo va a traer a tu puerta.

Podemos llegar a esta etapa y aceptar que ese amor no era tan maravilloso como creíamos y así pasar a la siguiente página o, por el contrario, obstinarnos en no olvidar aquel pasado que consideramos mágico, y estancarnos en esta fase.

Desgraciadamente, el poder que daba a aquellos sentimientos, y mi deseo de mantener con vida algo que ya había terminado, no me permitieron avanzar y aceptar la situación hasta mucho más tarde. Creo que no querer odiar ni olvidar aquello que consideraba amor verdadero fue una decisión personal. Necesitaba descubrir el motivo por el que mi vida parecía haber perdido su sentido.

Esta necesidad de respuestas me mostraría que existían enemigos que hasta entonces desconocía, pero que poco a poco irían cobrando forma. Pronto comprendería cómo funcionaba el amor romántico y cómo mucho de todo aquel dolor se debía a nuestra propia química, a esos genes y hormonas que nos hacen ser y actuar como lo hacemos, aunque muchas veces no nos demos cuenta de ello. También entendería que existía un centro, un espacio en el que debía aprender a cuidar a la persona más importante de mi vida, un lugar que debía ocupar yo, pero que tan equivocadamente había entregado a mi ex...

Para terminar con este sufrimiento debía dejar atrás ese pasado que no quería olvidar. Revivía una y otra vez aquel amor en mi memoria, sin darme cuenta de que para volver era imposible regresar al presente desde el tiempo de mis recuerdos.

Mi camino de superación fue duro y complicado, pero, paso a paso, me ayudó a aceptar que la vida es algo mucho más grande y bonito de lo que seguramente hubiera sido de haber seguido en aquella relación.

La fase de aceptación

La aceptación llega cuando empiezas a comprender la realidad, no solo de aquel pasado, sino también de tu vida. Lecciones en forma de virtudes que únicamente aprendes viviendo y que te ayudan a reconocer lo que realmente se esconde tras el «amor verdadero». Porque cuando la ilusión vuelva a tu presente te darás cuenta de que muchas cosas jamás fueron como las imaginabas en su momento...

Para llegar a esta aceptación, de nada sirve engañarse con nuevas relaciones, culpar a tu expareja o realizar lavados de cerebro. De nada sirve engañarse y solo una deberá ser tu misión: trabajar en ti mismo para saborear la vida más y mejor que nunca, hasta recuperar buena parte de ese amor que siempre te ha estado esperando. Cuando aceptes y degustes de nuevo tu presente seguramente te arrepentirás de tanto tiempo perdido, pero será el mismo tiempo el que te enseñe que no perdiste nada, sino que aprendiste mucho...

Si lo haces bien, una vez que llegues a esta fase sabrás mucho más de ti, de la vida y del amor, e incluso disfrutarás de un presente mucho más pleno, feliz y consciente del que conocías.

El único viaje que te ayudará a descubrir esa luz al final del túnel será ese que te lleve a ti. En mi caso, la aventura comenzó caminando en busca de esas respuestas que pudieran devolverme la ilusión. Una necesidad que nacía al sentir que ese dolor me estaba desconectado de la vida...

DESCONEXIÓN

> *«En este mundo, nada hay tan cruel como la desolación de no desear nada».*
>
> Haruki Murakami

Si pudiera definir con una palabra lo que sentí mientras me veía arrastrado en el vacío del desamor, sería *desconexión*. Un sentimiento que me descubría el que sería mi futuro más inmediato: algo en mi interior me intentaba asegurar que todo tiempo pasado había sido mejor, que mi vida había cambiado para siempre y que ya no había espacio para la esperanza.

Cuando reconocemos este final, nos desconectamos del presente y de la vida, ya que ni observamos la realidad como deberíamos, ni mucho menos queremos encontrar soluciones que impliquen dejar aquel amor atrás. No nos damos cuenta, pero toda relación amorosa genera una fuerte adicción, una dependencia más potente dependiendo de las ilusiones e intenciones que hayamos asociado a ella, una necesidad con una parte también química de la que será muy duro y complicado soltarse.

Llegó el momento de reconocer y sentirte responsable de tu presente. Tú mismo descubrirás tu camino, en el que es necesario volver a conectar con el aquí y el ahora.

Con el paso del tiempo, reconocerás que luchas contra un monstruo que seguramente alimentas sin darte cuenta, haciéndolo cada vez más y más fuerte, que te hace sentir insignificante y te impide usar recursos que te ayuden a levantarte. Este era el daño que yo, durante meses inconscientemente y en cada nuevo despertar, decidí hacerme a mí mismo.

No entendía bien el motivo de aquella dolorosa tristeza. Sabía que aquel proyecto de vida en forma de relación había terminado, aunque me costara aceptarlo, pero no comprendía el motivo de esa desconexión que me impedía volver a sonreír.

Cuando en el pasado había afrontado problemas similares, no solo había salido victorioso de ellos, sino también más fuerte y con más recursos. Había comprendido que a veces una puerta se cierra para que se abra otra distinta, y que sellar la primera era, a menudo, la mejor de las soluciones. Pero sentía que esta vez era distinto, y por desgracia tardaría en darme cuenta de cuál era el motivo principal.

Eran tiempos de culpa. Me consideraba el principal responsable y parecía aceptar aquel estado de desconexión que traía consigo más dolor cada nuevo día...

El dolor de cada amanecer

Es probable que te ocurra algo parecido y estés de acuerdo conmigo si digo que si existía un momento del día que dolía hasta ser insoportable, este era al despertar. Con cada abrir de ojos llegaba el momento de saludar un nuevo día que, estaba seguro, nada traería de bueno. Cuando despertaba, llegaban el dolor y el llanto, la realidad, los recuerdos, el vacío...

Al principio ni siquiera bastaba reconocer que todo había terminado. No, aquellos eran tiempos de torturarse a uno mismo de la mejor manera posible. Abrir los ojos te hace observar que esa persona que tanto necesitabas no solo no está a tu lado, sino que puede estar ya acompañada de alguien a quien admira tanto como tú la admirabas a ella. Al menos, esto es lo que intentas demostrarte con tus mejores y más elaborados pensamientos.

Tu realidad puede que sea muy parecida, y te hará más daño cuanto más te obstines en hacer única e inigualable a esa persona y aquel amor. Nos recreamos en el recuerdo, sobre todo en los buenos, y nos aseguramos a nosotros mismos que aquella realidad era mucho más bonita, mágica y emocionante que la que jamás volveremos a vivir, porque somos incapaces de imaginar un futuro en el que podamos disfrutar de igual manera de la vida como lo hacíamos en ese pasado que deberíamos intentar dejar atrás.

El despertar nos trae de nuevo a la realidad del presente, en la que reconocemos que nada volverá a ser como antes, llenándonos de angustia y haciendo que nos alejemos de lo que la vida nos ofrece, para en su lugar intentar revivir de una manera enfermiza aquel pasado que ya no es ni jamás será, y que por eso duele tanto.

Pero el tiempo nos ayuda a aprender a desterrar algunas de nuestras equivocadas ideas, y si nos centramos en traer cosas buenas y llenas de ilusión a nuestro presente, conseguiremos reconocer el verdadero valor de la vida, esa magia que, movidos por el dolor, nos obstinamos en no querer ver...

En aquel pasado, o bien debía vestirme para ir a un trabajo que poco o nada aportaba a mi vida, o bien debía combatir la resaca y esos enemigos que nacían con ella, creados por esa peligrosa mezcla entre el alcohol y mi equivocada manera de observar la vida. Así, pasaba de la realidad de los sueños y del recuerdo a un presente en el que me había convertido en autómata, una especie de robot insensible que se limitaba a respirar...

Entre semana desayunaba lo mínimo, sin apetito, me aseaba y vestía sin gusto ni intención y me dirigía a mi propio y particular matadero, una oficina en la que únicamente me comunicaba con el más inhumano e insignificante de los compañeros, esa horrible caja cuadrada de plástico duro llamada computadora. Ante mi apatía, mis compañeros del trabajo intentaban animarme. En ocasiones, si bien fugaces, lo conseguían a medias, pero lo más habitual es que se enfrentaran con mi total indiferencia, un desinterés que no dirigía hacia ellos, sino hacia la vida. Por fortuna, contaba con geniales amigos que me demostraban continuamente el verdadero valor de la amistad, pero aun con aquel apoyo, el vacío seguía en mi interior. Si las semanas estaban vacías, los fines de semana lo estaban aún más, ya que intentaba evadir la realidad, empapando mis sentidos en el alcohol, y mi tiempo en la fiesta. Una fiesta en la que tampoco lograba encontrar nada que pudiera devolver la sonrisa a mi rostro.

Pensando en el pasado, me doy cuenta de que no había superado del todo esa fase de la ira, aunque el objeto de tanto odio ya no era mi ex, sino mi vida, una realidad que consideraba injusta y sinsentido, ya que se había llevado a la única persona que podría traer ilusión a mis días.

Me costó reconocer que si existía un culpable en mi infelicidad, ese era yo mismo. Yo solito me había metido *en la boca del lobo...*

En la boca del lobo

Para entender cómo había llegado a aquel extremo ante un suceso tan natural y común como podría ser el final de una relación, debía reconocer cuál era mi presente, para intentar ser realista y poder explicar mi situación.

Aquí relato cuáles fueron los principales motivos que crearon en mí ese sentimiento de dependencia, una necesidad tan fuerte como para hacerme sentir que el mundo y el presente no tenían sentido de no ser junto a esa persona. Espero que puedas reconocer en mis motivos algunos de los tuyos, y que intentes ser sincero para observar cuánta de la importancia que le has dado a aquel amor y a esa persona depende únicamente de tu forma de vivir y entender la vida.

Puede que, como me ocurrió a mí, en tus ansias por cambiar tu realidad y conseguir algunas de esas metas vitales que creíste o te hicieron creer tan importantes, tú también te hayas obstinado en hacer mágica y única esa historia que viviste. Quizá empieces a aceptarlo ya, aunque también es probable que esa venda con la que has ocultado tus verdaderas ilusiones no te ayude a ver la realidad. ¿Y si el amor fue tan mágico «solo» debido a tus propias necesidades y sueños?

Debes ser tú quien responda a tus preguntas, y que yo comencé a plantearme en aquel momento de desamor. En aquel entonces tenía más de treinta años y desde hacía más de siete vivía en una de las ciudades más hermosas, pero a la vez más caóticas y con la periferia más descuidada del mundo, la ciudad a la que llevaban todos los caminos: Roma. Mi realidad era parecida a la de la ciudad donde intenté crear una bonita historia, miles de kilómetros alejado de mi familia y orígenes en el País Vasco.

Aquella decisión de alejarme de mis raíces nació fruto de mi intención de conocer mundo, para conocerme también mejor a mí mismo. Mi familia siempre había sido y seguiría siendo lo más importante en mi vida, y es por eso que la melancolía se convertiría en mi fiel compañera durante los muchos años que pasé en la capital italiana. Ante la necesidad y la falta constante de mis seres queridos, conseguí rodearme de increíbles amistades que formarían esa a la que podía llamar «mi familia romana», aquellos a quienes podría recurrir para compartir alegrías y experiencias y, por qué no, también para ahogar muchas de esas penas que arrastraba. Así, llegaron a mi vida amigos como Ermanno, Mattiacci, Marco o Caruso, ese grupo que llenó muchos de los vacíos que creaba el hecho de tener tan lejos, en la fría y gris ciudad de Vitoria, a mi verdadera familia.

Aparte de mis seres queridos, en mi vida no existía una necesidad más importante que disfrutar de nuevas experiencias y conocer muchos de los misterios y las necesidades de mi nuevo destino. Por ello había convertido mi vida en Roma en una especie de

Erasmus sin fecha de caducidad, con un trabajo en la Universidad de la Sapienza, rodeado de jóvenes como yo, en unas condiciones que me ayudaban a poder salir de fiesta o irme de vacaciones aproximadamente cuatro o cinco días por semana, mientras aprendía el que se convertiría en mi segundo idioma.

Reconocía que odiaba mi carrera y mi profesión, la informática. Según la vivía y entendía yo, era uno de los oficios más alejados de las necesidades humanas, como podían ser la creatividad, los sentimientos o la comunicación. Por todo ello, había convertido mi título universitario más en un medio que en un fin en sí mismo, una herramienta que podía permitirme conseguir ese tipo de vida que estaba eligiendo vivir. Pero todo cambiaría el día en que ella llegó a mi vida...

Había pasado la barrera de los treinta y, aunque llevaba varios años soltero por elección propia, algunas ideas y necesidades iban haciéndose más fuertes en mi interior. Una de ellas era la idea del amor o, al menos, esa percepción que yo tenía de él.

Desde pequeños nos educan con cuentos de príncipes y princesas y hasta soñamos con hacer reales esas historias sobre besos y sentimientos capaces de despertar a bellas durmientes, convertir personas en ranas o todo lo contrario. Un mundo mágico, el del amor, al que normalmente acompaña un ingrediente primordial, ese al que la sociedad dio el nombre de «media naranja». Creemos que con la llegada de esa persona especial nuestro mundo cambiará, y que juntos conoceremos finalmente la tan ansiada felicidad. Sentimos que todo aquello que el amor toca parece convertirse en dicha por arte de magia, trayendo a nuestras vidas virtudes como la calma, el éxito, la inspiración e incluso haciendo reales muchos de nuestros más deseados sueños.

En aquel presente yo notaba cómo volvía a despertar esa necesidad de amar. Observar un abrazo o un beso, incluso entre completos desconocidos, me hacía añorar esa sensación y querer disfrutar también de lo que creía que aquellos enamorados podían estar sintiendo. Yo también quería experimentarlo; lo necesitaba para sentirme completo. Seguramente de un modo más consciente de lo que creía, fui dando forma a esa nueva necesidad. Y cuando una antigua conocida, mi primer y único flechazo en mis muchos años en Italia, volvió a dar señales de vida a través de una recién nacida red social norteamericana traducida como *libro de caras*, y volvimos a conversar y conversar, la idea se abrió paso en mi cabeza. Así comenzó una preciosa historia de amor, tan especial como mágica, hasta que llegó el día en que las cosas, sin esperarlo ni tampoco quererlo, empezaron a arruinarse.

Las nuestras eran dos vidas con pasados muy distintos y, aunque inicialmente todo parecía ser maravilloso, poco a poco esta verdad fue ganando forma. Si existió un antes y un después en todo aquello fue la convivencia, una necesidad que cada uno vivió de maneras muy distintas desde el principio. Hasta entonces, seguía dando especial importancia al resto de mi vida: veía a mis amigos, hablaba con mi familia y de vez en cuando hacía ese viaje tan necesario al País Vasco, llenando de abrazos, sonrisas y nuevos recuerdos esa mochila que, cuando tocaba despedirse, volvía a colgar en mi espalda, y que el paso de los días llenaba nuevamente de melancolía... El resto de mis ilusiones se centraba en la relación, en esa persona y en todos aquellos proyectos y sueños que ya creía estar poniendo en marcha... Sabía que muchas cosas podían cambiar y, como decía, no solo lo quería, sino que también lo necesitaba.

Sentía cómo aquel amor traía claridad a mi vida, con lo que podía ordenar mis intenciones e intereses y dejar a un lado la tan común fiesta y el derroche para dar paso a nuevas responsabilidades, proyectos e ilusiones en forma de hogar, de familia, y de todo aquello que creía que podría dar un sentido más completo a mi propia vida.

Nuestra relación parecía fantástica, pero poco a poco nos dimos cuenta de que había una cosa que se podía mejorar: la dificultad que nacía de la distancia que nos separaba. Ella vivía en un pueblo llamado Fiumicino, a una hora de Roma, y como yo no tenía coche propio, debía ser ella quien casi a diario se acercara a mi casa, para así poder continuar fundiéndonos en los tan ansiados abrazos, besos y caricias.

La solución a aquel problema trajo consigo la transformación de nuestra relación de una manera inesperada. Una solución que nos adelantaba, seguramente, cuál iba a ser la suerte que nos esperaba... Llevábamos pocos meses juntos, pero la necesidad del otro aceleró la convivencia y, con ella, las cosas comenzaron a arruinarse. Seguramente ni estábamos hechos el uno para el otro ni buscábamos lo mismo, pero de esto me daría cuenta mucho más tarde, después de muchísimo dolor... No advertí que mi presente era el de alguien que llevaba años soltero por convicción propia, compartiendo casas con otras personas y con una edad que me pedía cosas muy diferentes de lo que la suya podía pedirle a ella, una chica de 24 años que acababa de terminar una relación duradera y tortuosa, que aún estudiaba, y que había vivido siempre muy cómoda y tranquila en casa de sus padres.

Todas estas situaciones que acompañaban a cada uno hicieron un hueco en nuestra relación; así, mientras ella podía sentir en ello más obligaciones o una vida más propia de adultos, yo veía todo lo contrario. Veía ilusión, sentido, cosas bien hechas, éxito y felicidad, o, en resumen, eso que creía que era el amor verdadero.

Pronto mi mundo se tambalearía como nunca. Había puesto todo el sentido, el interés y la intención en un único lugar y en una única persona, en nuestra relación, una aventura que no solo terminaría, sino que también me haría incluso querer dejar de creer para siempre en el amor...

SEÑALES DE VIDA

«No hay toma de conciencia sin dolor».

CARL GUSTAV JUNG

El miedo, la desgana, la desilusión y la pena serán algunos de tus más comunes compañeros en esta etapa que estás viviendo. Pero, aunque cueste verlo y apreciarlo, el mundo te envía señales a cada momento, para hacerte recordar y comprender lo importante que es volver a sentirte vivo.

Sé que cuesta y se hace más complicado apreciar estas pistas de la vida que intentan mostrarnos el camino hacia el amor verdadero, pero uno de nuestros principales deseos debe consistir no solamente en reconocer esas señales, sino sobre todo en saber valorarlas. Aunque el bloqueo y el dolor nos lo pongan casi imposible, pasar por esta etapa no solo puede, sino que debe, ayudarnos a apreciar la vida con distintos ojos. A tener una nueva mirada que consiga eliminar la pena gracias a nuestro amor propio, uno real y duradero que no permita que jamás volvamos a alejarnos tanto de nosotros mismos.

En aquella realidad seguí todavía bloqueado muchos meses, sin descubrir soluciones al desinterés que daba a mis días, en los que mi cabeza se había convertido en una sucesión de ideas y pensamientos sin ningún sentido, orden ni esperanza. Despertaba cada mañana con las mismas sensaciones y recuerdos. La depresión me mantenía sumido en el pasado y ante tal realidad no existía el más mínimo aliento de interés por la vida.

La tristeza de recordar hasta convencerme a mí mismo de que todo tiempo pasado había sido mejor, y ese constante pensamiento de que ya no había remedio ni ilusiones que valieran la pena, me habían sumido en un estado en el que nada parecía ya tener sentido.

Rodeado de aquel vacío, no me sentía capaz de tratar cualquier otro asunto de la vida, por simple que este fuera.

> **Miraba hacia atrás escarbando en el problema, sin darme cuenta de que debía hacerlo hacia adelante, para ir en busca de la solución.**

El miedo se había adueñado de mí y me mantenía bloqueado. Me asustaba la vida, el presente y ese oscuro y triste futuro que mi cabeza se esforzaba en predecir. Lloraba por dentro, creyendo hacerlo por aquella persona que había perdido, pero no me daba cuenta de que lo que ansiaba era una idea de amor que yo mismo había creado en mi cabeza. Por desgracia, aún tardaría mucho tiempo en darme cuenta de ello.

Ni mis amigos más cercanos me habrían reconocido: había pasado de un apego profundo por la vida a convertirme en alguien alejado de toda ilusión, en una persona sin intereses, sentimientos ni intenciones. Por fortuna, una situación que, en otras circunstancias no habría significado nada, me ayudó a abrir ligeramente los ojos...

La magia de la vida llegaba a mi presente, y a aquellos tiempos en que sentía haber perdido el principal motivo por el que luchar se le unieron unas preciosas realidades que, en vez de llenarme de ilusión, mantenían e incluso hacían más grande el dolor y esa sensación de fracaso que arrastraba. Con un mes de diferencia nacían mis dos primeras sobrinas, las geniales Miren y Martina. Mi hermana pequeña, Ainhoa, había dado a luz a Miren, un increíble milagro que se hacía realidad, al que muy pronto se le añadiría otro llamado Martina, la hija de mi hermana mayor, María.

Y yo, en vez de apreciar el milagro de la vida, me maltrataba a mí mismo diciéndome una y otra vez que, de haberlo hecho bien, quizá también yo habría conseguido tener descendencia... Cualquier cuestión cosa me servía en aquellos momentos para martirizarme. Aun así, mi familia siempre ha sido lo más importante para mí y, dado que concedía muy poco valor a mi trabajo, comencé a estudiar la posibilidad de alargar el tiempo de mis estancias en casa, para conocer a las pequeñas e intentar disfrutar de su llegada con mi familia.

Hacía años que había dejado de vivir allí, por lo que pasé aquellos días —era y es una bonita costumbre— en casa de mi hermana mayor, aprovechando para buscar soluciones con la mejor de las consejeras de mi vida. Yo seguía en modalidad disco rayado, hablando sin escuchar y escuchando sin querer oír realmente nada. Pero una de aquellas tardes ocurrió algo que me ayudó a acercarme a la solución, así como a descubrir cuál podía haber sido el principal de mis errores. En uno de aquellos momentos en que lloraba tanto por dentro como por fuera, otro sentimiento nació en mí. No lo entendía muy bien, pero necesitaba dar un abrazo, un gesto que devolviera a mi vida algo de cariño, y fue así como inconscientemente abracé a mi hermana intensamente y noté cómo mi interior encontraba algo de paz entre tanto sufrimiento...

Aquel no sería un abrazo normal, sino más bien una respuesta a una necesidad emocional. Ese gesto buscaba no solo recibir amor, sino también darlo; de este modo aquella falta, aquel vacío interno que sentía tras mi pérdida, parecía calmarse o hacerse menos doloroso. Nuevamente volvía a sentir ese gesto que me conectaba con la vida.

Así algo dentro de mí pareció comprender que tal vez el amor era realmente eso, una manera de comunicarse con la vida, una práctica que desde hacía tiempo había tenido para mí (o así lo había querido observar), un único emisor y receptor, el de mi expareja.

Empezaba a vislumbrar que tal vez el amor verdadero poco o nada tenía que ver con aquello que yo había creído, y comenzaba a preguntarme: ¿y si el amor no era algo exclusivo de una pareja, sino más bien una manera de comunicar y conectar con la vida?

Si ese abrazo parecía calmar mi dolor, tal vez la solución era comunicarme más y mejor con el mundo, fluir con él. Con ese abrazo la vida me enviaba señales que aún tardaría mucho en convertir en lecciones, pero que me llamaban a reconectar con la vida, a dar y recibir, a utilizar el único lenguaje con el que las personas podíamos realmente sentirnos vivas. Esta señal me había vuelto a conectar con el presente, haciéndome entender que mi error quizá había sido buscar amor en una única relación, cuando debía darme cuenta de que el amor era y estaba en la vida y que debía hacerlo fluir, dándolo, recibiéndolo o alimentándolo constantemente y del mejor modo posible.

Todavía no lo sabía, pero esta sería mi misión para recuperar la ilusión y volver a la vida. Llegaba el momento de aprender a amar de verdad...

MIS GRANDES ENEMIGOS

«Los monstruos son reales, y los fantasmas también: viven dentro de nosotros y, a veces, ellos ganan».

STEPHEN KING

El tiempo me demostraría que gran parte de esos monstruos, ideas y dificultades que me mantenían hundido en aquella trampa del desamor, los estaba creando yo con mi manera de pensar y de actuar.

Ahora llegó también tu momento, ese en el que debes intentar poner orden y sentido a todo aquello que has experimentado y que aún te tocará seguir sufriendo. Ya conoces las etapas del duelo y seguramente también hayas conseguido comenzar a sincerarte contigo hasta aceptar que tú mismo creaste muchos de los motivos por los que aquel amor se hizo tan grande y que hoy intensifican tu dolor.

Soy de la idea de que para superar cualquier batalla debemos primero conocer cuáles son nuestros peores enemigos, comprender sus motivos e intenciones, sus puntos fuertes y débiles, entender por qué están aquí, qué quieren conseguir e incluso esperar la reacción que pueden provocar en nosotros. Una vez que sepamos cuáles son sus formas y flaquezas, nos será más fácil actuar para alejarlos de nuestra vida.

Yo no comprendía lo que sentía, ni tampoco los motivos que me mantenían así; desconocía las causas que alimentaban mi dolor y que creaban y alimentaban muchos de mis monstruos particulares. Si quería caminar hacia la solución, primero debía poner orden a todo aquello y llamar a las cosas por su nombre. Mis monstruos no se habían creado de la noche a la mañana. Yo mismo, mis necesidades e incluso esa idealización que había hecho del amor, habían hecho tan fuertes y reales a estos enemigos que solo lograría echarlos si luchaba por volver a sentirme vivo.

Así, descubrí que el desamor se compone de dos enemigos principales. Uno que dependía de mi razón, mis ilusiones e intenciones y sobre todo de mi equivocada manera de entender algunos apartados de la vida; y otro más biológico y evolutivo que generaba en mí un desequilibrio difícil de soportar y comprender.

Conocer estos dos grandes motivos me mostraría mi camino, un presente en el que debería cambiar mi propia manera de entender el mundo, atacando así esa lógica equivocada que me hacía infeliz. Volvía a sentirme vivo y mejoraba no solo mi manera de pensar, sino también la de sentir, para enfrentarme así a ese desequilibrio provocado por mi propia química.

La química del amor

«El corazón tiene razones que la razón desconoce».

BLAISE PASCAL

Ahora que lo pienso, creo que tal vez sería más acertado cambiar la frase con la que comienza este capítulo por la siguiente: *La química tiene razones que la razón desconoce.*

Aunque podamos sentir, querer e incluso creer que el corazón es el órgano en el que nacen nuestros sentimientos, también deberíamos entender que estos se originan, realmente y en gran medida, debido a nuestra química. Si existe un elemento que puede producir, alterar e incluso eliminar todas estas sensaciones, eso es nuestra química.

En este apartado trataré de hacerte entender que buena parte de todo el dolor que puedes estar sintiendo ahora se debe a tu propia condición de ser humano. Comprenderlo y conocer los mecanismos con los cuales tratar este desequilibrio orgánico puede ayudarte a combatir este tipo de duelos, ya que, seguramente, este es el origen de muchos de esos complicados e inmovilizadores síntomas. Una vez que aceptamos esta verdad, puedes también luchar por cambiarla.

Con el desamor, al igual que ante el enamoramiento, comencé a sentir muchos cambios en mis sentimientos. Algunos parecían tan irracionales que me hacían entender que podía no ser mi razón la responsable de ellos, sino mi propia biología...

Movido por el dolor de la pérdida comencé a leer e investigar hasta darme cuenta de que, en el amor, tres eran los ingredientes químicos principales:

- La *dopamina*, la hormona que nos «enciende» y nos hace capaces de todo por amor.
- La *oxitocina*, una sustancia que «nos conecta», la hormona del apego.
- Y la *serotonina*, el ingrediente que parece hacernos sentir la ansiada «felicidad».

Según iba aprendiendo, supe que, con la dosis justa de estos tres elementos se puede lograr que la princesa se enamore de un sapo, una lección que demostraba cómo en algunos casos la razón no sirve de nada...

Una combinación elevada de estas sustancias nos puede hacer vivir el más mágico de los romances, pero, por el contrario, una descompensación en alguna de ellas puede provocar cambios tan agresivos en nuestro cuerpo que nos lleven a sufrir la peor de las penas, una angustia difícil de soportar. Este conocimiento era algo que yo podía trasladar a mi realidad y que seguramente ahora también tú puedas hacer con la tuya.

Y es que somos animales con millones de años de evolución a nuestras espaldas, miles de siglos en los que la misión inconsciente de las personas ha sido una y bien sencilla: sobrevivir como especie. Por ello en muchas de esas ocasiones es importante aceptar que buena parte de cuanto sentimos no se debe tanto a la magia o a la alineación planetaria como a realidades tan potentes y humanas como la química.

En mi historia particular, en esos meses en los que buscaba constantemente recuperar de nuevo la sonrisa, descubrí verdades como esta y conocí sustancias como la *dopamina*, una hormona con un fin muy concreto: hacernos sentir euforia y placer.

Gracias a la dopamina ciertas personas pueden convertirse en una de nuestras principales motivaciones vitales, ya que estar con ellas nos provoca un placer intenso, un bienestar y una atracción que crean una magia que nos hace no querer entender la vida sin ellas.

A su vez, esta hormona se asocia con nuestro sistema de recompensas, indicándonos que, junto a esa conquista o ese amor, nos acercamos a eso que entendemos (o nos han hecho entender) como éxito o felicidad.

Comenzaba a comprender que, si el enamoramiento nos hace selectivos, la dopamina es ese elemento que nos obliga a centrar todos nuestros objetivos en la conquista de una persona en particular. Una meta en ocasiones tan deseada que puede llegar a obsesionarnos. Movidos por esta hormona, convertimos a alguien en un ser único. Lo sentimos así, aunque seguramente no sea tanto la perfección de esa persona, sino esta y otras hormonas, las que han creado un mundo maravilloso en torno a ella.

Sin embargo, la dopamina es solo uno de los ingredientes que idealizan el amor romántico. Si existe una hormona capaz de aumentar la sensación de enamoramiento hasta hacernos creer que vivimos en la más romántica de las películas de Disney creando lazos muy complicados de romper, esa es la *oxitocina*. Entre las funciones que cumple esta hormona, la más importante es que nos conecta con los demás, inyectando esa fuerza que da forma al afecto, a la reproducción y la lactancia, al amor en todas sus formas, una sustancia que se encarga de intensificar al máximo aquello que sentimos.

El último de los ingredientes que moldean esa forma de amor tan perfecta que tanto me costó dejar atrás es la *serotonina*, la conocida como «hormona de la felicidad», una sustancia que nos hace experimentar una felicidad realmente intensa y que nos anima a invertir todos nuestros esfuerzos y compromisos para mantener esa situación que la generó.

Drogados de amor, luchamos por mantener ese estado emocional tan positivo que sentimos junto a esa persona. Toda esta química actúa con mucho sentido, aunque inconscientemente no entendamos el motivo de nuestra renovada voluntad y claridad mental o ese aumento en compromisos. Lo atribuimos todo al amor, sin darnos cuenta de que ese amor lleva consigo una compleja carga biológica que actúa sin que nos demos cuenta.

> **Esta química interna del amor proporciona bienestar cuando las cosas van bien, satisfacción, optimismo y buen humor. Pero puede convertirse en un arma de doble filo ya que, si el amor desaparece cuando no lo deseamos, los niveles de estas sustancias pueden caer en picada acercándonos a estados opuestos al de la felicidad.**

Esa falta de química me hacía ahora luchar por volver a sentirme vivo, y en esta lucha estaba aprendiendo lecciones tan interesantes como necesarias para la vida. Comenzaba a comprender que no podría controlarlo todo haciendo simplemente uso de la razón, y que si quería volver a sentirme vivo, debería también combatir este desequilibrio orgánico. Necesitaba actuar, ya que no podía engañar a mis sentidos y menos aún a mi propia condición de ser humano. Entendía que en nuestro cerebro el amor funciona como una droga, una situación que despierta las hormonas implicadas en ese tipo de adicción.

Este era el motivo por el que en el amor de pareja las personas sufrimos una especie de espejismo cuando nos enamoramos. Una droga tan potente que desata una oleada de emociones tan placenteras que nos pueden hacer sentir éxtasis. Amando sentimos la eternidad, tocamos el cielo con nuestras manos, paramos el tiempo y estallamos de felicidad si somos correspondidos.

Podía reconocer y recordar cómo en los primeros meses de relación tanto mi ex como yo éramos adictos al amor. Siempre queríamos más, más sonrisas y besos, más caricias y abrazos, más orgasmos e ilusiones... En ese momento todo es realmente mágico, pero si uno de los dos decide no seguir, llegan el dolor, las reacciones y el síndrome de abstinencia. Nuestro cerebro sigue pidiendo emociones y situaciones para seguir generando esa química del amor, pero si la relación terminó, lo queramos o no, nos corresponde desengancharnos. Estas reacciones nos hacen sufrir esa contradicción entre querer y no poder, nos hacen sentirnos abandonados. Exageramos los buenos momentos y sufrimos porque no podremos volver a sentirlos.

La vida me demostraría que el trabajo personal y el paso del tiempo ayudan a calmar ese desequilibrio químico que sentimos. Pero como verás en este libro, si aprendes a enamorarte de ti mismo y de la vida antes que perseguir nuevamente un nuevo amor romántico, puedes conseguir disfrutar de toda esa química que nuestro cuerpo necesita eternamente, y sin miedo a perderlo.

Debería actuar, sentir y aprender aún muchas lecciones para descubrir que, si nos amamos sin condiciones y nunca más nos dejamos de lado, no volveremos a sentir este desequilibrio químico y emocional al que yo ahora debía enfrentarme.

«Mi lógica» del amor

Aunque podemos aceptar que buena parte de aquello que sentimos atiende a potentes elementos complicados de controlar y podemos entender que en muchas ocasiones hemos sido marionetas de nuestra propia genética, también hay que reconocer que es responsabilidad nuestra recuperar el control de nuestra vida, y no existe mejor momento para empezar a hacerlo que el ahora.

No todo el enamoramiento es irracional o químico, ya que buena parte obedece a la razón y a nuestra manera de entender la relación, el amor y nuestros sueños y creencias. Un conjunto de elementos que pueden hacer tan mágico el amor como trágico el olvido. Por ello, para combatir esa parte equivocada de nuestra lógica, esa que nos engaña haciéndonos creer que ese tiempo pasado fue lo mejor que nos ocurrió en la vida, es nuestro deber estudiar bien cómo somos y pensamos para descubrir si realmente todo fue tan maravilloso como creemos en este momento.

Sé por lo que estás pasando y entiendo que tus recuerdos van dirigidos a obtener y retener todo lo bueno que disfrutaste junto a aquella persona; por ello intentarás desterrar lo malo llegando a convencerte de lo grande que pudo haber sido aquella historia. También creo, y lo sé porque lo he vivido, que buena parte de esa magia la hemos creado nosotros en nuestra cabeza, y puedo comprender que, si el amor duele hasta el punto de que este libro haya llegado a tus manos, es porque seguramente tu idea de relación dista mucho de aquello que podríamos entender como amor verdadero.

Tarde o temprano comenzará tu propio viaje interior, una experiencia que te ayudará a descubrir cuánto de aquel pasado realmente sirve y cuánto no, a comprender no solo cuáles fueron los errores que te llevaron a mantener tu propio engaño, sino también a cambiar el modo en que ahora sientes la pérdida, para que esa manera equivocada de entender el amor jamás vuelva a provocarte tanto daño.

En mi particular experiencia, el miedo, la impotencia y la pena poblaban aquellos días, haciendo casi imposible la más mínima intención. Pero, por fortuna, tras mucho dolor, llegó el día en que comencé a reaccionar. Así, descubrí muchos de los remedios con los que podía tratar este sufrimiento. Y si había algo que debía cambiar en aquel pasado, era el modo en que usaba mi razón...

No solo no era capaz de pensar en condiciones, sino que tampoco podía mirar al futuro por muy cerca que quisiera poner cualquiera de mis metas. No comprendía ni cómo tratar aquel dolor que sentía ni muchos de los motivos que provocaban ese desconocido duelo que me tocaba vivir.

Pronto comenzaría mi particular viaje interior en el que descubriría los dos principales enemigos para mi razón: mi enfoque, o esa manera subjetiva que tenía de dirigir mi vida, y esa obstinación continua y casi enfermiza de vivir en el pasado.

Poner el centro en el lugar equivocado

Ante el desinterés, la tristeza y la desconexión que sientes, solo existe una medicina: volver al presente, volver a apreciar la vida.

Tal vez no sea tu primera ruptura amorosa ni será la última; puede que hayas sufrido muchas y distintas penas, pero seguramente puedas recordar pocas tan dolorosas como esta. Este puede ser el principal motivo: reconocer que un día comenzaste a dejarte totalmente de lado. Ahora estamos conociendo a nuestros principales monstruos, y si existe uno que desencadenó buena parte del dolor que ahora sufres, fue este.

> **La vida te mostrará, y espero que también este libro, que tú eres la persona más importante de tu propia historia.**
>
> **Pronto descubrirás que para poder amar a otros, primero debes amarte a ti mismo, y que querer a alguien nada tiene que ver con dejarte a ti de lado.**

Te corresponderá descubrir cuál o cuáles fueron tus motivos, cuándo comenzaste a posponer tu propia felicidad y dejarla en manos de otra persona, y cómo aún hoy sigues pensando y actuando por y para ella en lugar de hacerlo por ti. Reconocerlo será el primero de los pasos; tan pronto como lo hagas, el mundo a tu alrededor empezará a cambiar.

En aquel pasado junto al desamor también a mí me llegó esta revelación, aunque no fue hasta superado el duelo cuando conseguí finalmente ponerle nombre. Aquel cambio, aquella pérdida, había llegado a mi presente de la noche a la mañana. No lo esperaba en lo más mínimo y tampoco reconocía haber visto la menor señal que me alertara de ello. Así comenzó un nuevo camino en busca de un objetivo que no tenía nombre. Una extraña necesidad nacía en mí, porque pronto comprendí que la principal de mis metas era recuperar mi centro. El principal objetivo no era recuperar a aquella persona que me había roto el corazón; la única meta que podía devolverme a la vida era recuperarme a mí mismo, ya que todos aquellos sentimientos tan horribles que traía consigo el desamor se hacían todavía más insoportables cuando reconocía que me había dejado de lado.

Aquel «yo» me maltrataba por un amor que reconocía perdido, maravilloso y único, pero lo hacía sobre todo por no haber evitado aquel triste desenlace. Día tras día me lastimaba con ello, me autodenominaba perdedor, fracasado, y mi discurso solo giraba alrededor de las muchas razones por las que debía seguir torturándome. Por si esto no fuera suficiente, también me engañaba intentando encontrar el modo de hacerla volver, o al menos de que se diera cuenta de lo que había perdido. Me odiaba e intentaba cambiarme, sin darme cuenta de que aquellos cambios nada tenían que ver conmigo. Había perdido el norte, o más bien había entregado mi timón a alguien a quien daba más importancia que a mí mismo, aunque yo ya no le importara nada… Así pues, dirigir mi vida hacia mis necesidades e intereses para conseguir ser, tener y disfrutar aquello que realmente me acercaba a la vida, se convirtió en mi principal misión. Y sería caminando y haciendo camino el modo en que mi razón y corazón se dieran cuenta de ese necesario cambio, el único que me haría comprender el verdadero motivo de tanto engaño y sufrimiento. Pero antes de empezar a caminar, debía aceptar que era mi deber salir de ese tiempo en que me mantenía atrapado.

La vida en el recuerdo

El recuerdo es el lugar en que decidí vivir durante muchos de esos meses junto al desamor. No me daba cuenta de que, si me centraba en el pasado, la vida en el presente dejaba de tener sentido, y así cada nuevo día se hacía insoportable...

Ahora intenta estudiar tu propia realidad y pregúntate a ti mismo si no te sucede lo mismo. ¿No puede ser que el presente te duela tanto porque te obstinas en vivir en un tiempo que ya no es ni volverá a ser?

Sé que puede costar aceptarlo, y llevará su tiempo. También entiendo que insistas en querer regresar a esa persona a tu vida, pero, como me demostró la experiencia, ni aquel pasado fue tan mágico ni aquella persona fue tan especial. Uno o varios errores de concepto me habían hecho percibir las cosas de este modo.

Al final, el paso del tiempo y el trabajar por recuperarme me demostrarían esta gran lección.

Ahora es tu momento, atrévete a buscar dentro de ti e intenta vivir y disfrutar nuevamente de la vida, aunque debas hacerlo solo. Atrévete y pronto descubrirás que es totalmente inútil vivir en el recuerdo.

La experiencia me demostró que el único tiempo en el que poder volver a sentirme vivo era mi presente, ese lugar en el que podría caminar en busca de nuevos objetivos e ilusiones. Es fácil darte cuenta de que si miras hacia atrás, no puedes hacerlo hacia adelante, y que de este modo dejas de disfrutar de todo aquello con que la vida se esfuerza en obsequiarte cada mañana. También es sencillo entender la necesidad de autoengañarnos si creemos que aquello que perdimos no volverá y lo consideramos muchísimo más importante de cuanto está por venir. ¿Para qué mirar hacia adelante entonces? ¿Por qué no recordar constantemente aquella película que parecía hacernos tan felices?

Reconocer que muchos de mis sentimientos tenían sus bases en mi propia química, creencias, prejuicios e incluso historia, e ir saboreando y degustando cómo recuperaba mi propio centro mientras descubría aquello que daba sentido a mi vida, me haría disfrutar de una experiencia mucho más plena, descubriendo y aceptando también muchos de mis errores. Entre tantos de estos fallos, el que lo hizo todo mucho más difícil y doloroso fue querer mantener vivo ese sentimiento que yo creía tan puro.

Me obstinaba en creer que aquel era el único amor que valía la pena, algo que jamás podría volver ni repetirse, viví largo tiempo en el pasado. Ella no estaba, pero podía recordarla, revivir, repasar e incluso imaginar todo lo que habíamos vivido juntos. Mi mente recreaba e incluso conseguía hacer casi real, en forma de emociones, aquel tiempo que nunca iba a volver. Yo ansiaba vivir en aquel pasado, y la realidad que traía consigo cada nuevo amanecer se hacía insoportable. Esto me hizo entender que solo existía un antídoto para todo aquel dolor: había llegado el momento de empezar el viaje.

Un viaje al interior de mí mismo con una única meta, *volver a enamorarme. Pero esta vez el objetivo no sería una persona, sino la vida.*

CAPÍTULO 2

EL VIAJE INTERIOR

UN DESTINO TAN NECESARIO COMO INCIERTO

«Lo que importa no es lo que te sucede, sino cómo reaccionas a lo que te ha sucedido».

Epícteto

Para superar el desamor o el dolor tras la ruptura, seguramente existan tantos remedios como personas. Cada uno debe comprender sus propios motivos, rescatar sus mejores virtudes y tratar con la vida de la manera más eficiente que corresponda según su situación, y seguramente podrá llegar a ese objetivo de infinitas maneras. Pero uno solo será el destino final, volver a la vida con ilusión, y tal vez la única manera que pueda ayudarte a dejar de temer a la vida, a nuevas parejas o relaciones sea realizar ese viaje interior que te ayude a comprender por qué eres como eres y qué es aquello que realmente puede hacerte feliz. Una aventura que te haga saborear la vida y descubrir y disfrutar de muchos instantes de felicidad. Una nueva etapa realmente sincera, en la que no hay un clavo que saque otro, ni lavados de cerebro ni odios sin sentido; un camino que te ayude, precisamente, a reconocer y aceptar de una vez por todas de qué está hecho el amor verdadero.

En mi caso, y sin haberlo previsto, mi viaje comenzaba, y así llegó el día en que algo dentro de mí empezó a moverse. Una necesidad, una lucha por recuperar esa ilusión capaz de eliminar el dolor y devolverme al presente con alegría; una búsqueda inconsciente sin orden ni sentido que, dentro de mí, perdido y asustado como jamás me había encontrado, comenzaba...

Me costaba despertar, respirar e incluso soñar, pero no había más opciones que luchar, una verdad que la vida ya me había demostrado en muchas ocasiones. Sabía que la responsabilidad de mi felicidad era únicamente mía, y me daba cuenta de que mirara a donde quisiera mirar, el presente no paraba de llenar de felicidad la vida de otras personas, muchas con circunstancias incluso mucho más dramáticas que la mía.

Distintas realidades en modo de conversaciones, libros y vivencias traerían nuevas ideas que reforzarían la frase con que comienza este capítulo, una verdad que volvía constantemente a mi mente para repetirme que lo que me hacía sentir tan mal no era lo que me había sucedido, sino el modo en que había decidido observarlo y reaccionar ante ello.

Somos nosotros quienes elegimos cómo sentirnos, y podía ver ejemplos de ello tanto en mi vida como en las de otras personas. Me negaba a cambiar mi perspectiva, y aunque no quería dejar de vivir en mis recuerdos, tarde o temprano debería volver a la vida, porque entendía que el dolor cesaría únicamente cuando lo hubiera conseguido.

¿Y si el principal error estaba en mi modo de sentir la vida y observar el presente? ¿Y si me había aferrado al amor para escapar de una realidad que ya no me hacía feliz, creando una ilusión y poniendo en ella toda mi fuerza y sentido?

Me era muy difícil aceptarlo, pero esta y otras muchas verdades llegaban a mí para quedarse, y acompañarme en el resto del camino que estaba por comenzar...

MIS COMPAÑEROS DE VIAJE

«Nuestras maletas maltratadas estaban apiladas en la banqueta nuevamente; teníamos mucho por recorrer. Pero no importaba, el camino es la vida».

JACK KEROUAC

En aquellos caminos que poco a poco me irían acercando no solo a conocerme mejor, sino también a saber tratar conmigo mismo y con la vida, tendría pocos pero importantes acompañantes.

Reconocía que el principal problema para esta depresión en que me hallaba hundido no era la vida ni mi expareja, ni tampoco el desamor o la pérdida, sino mi equivocado modo de observar la vida, de entender el amor y el desamor, y mi modo de reaccionar ante ello.

Seguía llorando por dentro, pero sabía que si la que había sido mi pareja seguramente ya era feliz, yo también podría lograr serlo. Antes de conocerla jamás la había necesitado, y a mi alrededor el mundo estaba lleno de injusticias mucho más complicadas, pero, aun así, lleno de personas que seguían sonriendo y disfrutando de la vida ante pérdidas o dificultades mucho más dolorosas. Debía interiorizar mi gran error para poder valorar no solo el pasado, sino, sobre todo, ese futuro que estaba por llegar. Una manera más sana de ver y vivir la vida, un cambio de pensamiento con un origen y un destino, un viaje en el que encontraría todas las respuestas que necesitaba.

En toda aventura existen los *compañeros de viaje*; personas, animales, objetos o incluso ideas que pueden ayudarte a disfrutar más de esa aventura que estás viviendo. En este viaje interior que comenzaba, mi principal compañero sería un nuevo yo que llamaba a la puerta intentando ganar con fuerza a ese otro que únicamente parecía querer seguir llorando por dentro.

Podía sentirme solo, pero reconocer en mí esa lucha interna para descubrir de qué estaba hecho me hacía comprender que esta vez la soledad sería mi amiga y que sería a su lado como podría traer a mi vida lecciones y herramientas que me ayudaran a obtener aquello que estaba buscando.

Del mismo modo que en los cuentos todo valiente caballero debe enfrentarse al monstruoso dragón con su mejor escudo y espada, así lo haría yo. Esta vez, el escudo tomaba forma de autoconocimiento, y la espada estaba formada por esas ideas, lecciones y virtudes que la vida me había demostrado como ciertas.

Sea cual sea tu realidad, si decides luchar para superar este duelo, tendrás que aceptar que en buena medida deberás hacerlo solo. El cambio debe de ser tuyo, las lecciones deberás vivirlas tú y el camino deberás recorrerlo tú. Pero no te lamentes de tu realidad ni te sientas débil, inútil, despechado o malquerido. Todo lo contrario: pronto aprenderás que la vida es mucho más bonita de lo que nos han contado, y que creyendo puedes llegar a crear aquello que de verdad necesitas.

Alégrate porque estás luchando. Enorgullécete porque decidiste descubrir la verdad, no solo de aquel amor, sino también de tu vida. Sonríe porque elegiste el camino complicado, pero también el único que podrá hacerte descubrir la verdad que esconde la felicidad. Pronto aceptarás que la soledad es tu compañera y amiga, y que dispones de muchos más recursos y virtudes de los que pensabas para superar este duelo.

La querida soledad

Aquella necesidad vital de cambio no solo surgía en mi interior, sino que también era mi objetivo. Debía encontrar el modo de vivirla, entenderla y disfrutar la vida de una manera más sana; un cambio profundo y complicado que necesitaba de todo mi esfuerzo y concentración.

En aquellos tiempos, muchas eran las voces de amigos y familiares que intentaban darme soluciones. En ocasiones me aconsejaban descubrir posibles amores con cuales sacar aquella espina que se me había clavado y no conseguía salir... Pero algo dentro de mí me decía que nadie merecía pagar los platos rotos de aquella relación y aquel pasado. Si continuaba creyendo único ese amor y esa persona, me dedicaría a compararla con cualquiera que llegara hasta convencerme a mí mismo de mi autoengaño. Como nunca he deseado para otros lo que no quería para mí, entendía que nadie se merecía ese dolor que ahora yo estaba sufriendo. Por todo ello me prometí que solo volvería a disfrutar de un nuevo amor de pareja una vez que hubiera superado el duelo; del mismo modo que nadie podría darme aquello que estaba buscando, tampoco el ruido, la fiesta y el descontrol podían traer respuestas a mi vida.

Con esta idea en mente, pronto quedó atrás el ahogar mis penas en el alcohol y la fiesta de los fines de semana, trayendo con ello nuevos horizontes a mi vida.

Entre los nuevos caminos que se abrían ante mí, emprendería algunos en los que lucharía contra mis más potentes creencias y prejuicios. También daría de comer a mis necesidades químicas con actividades y situaciones que no había imaginado hasta entonces, e incluso probaría experiencias que harían indispensable que volviera al presente, el único tiempo que podría devolverme a la vida. Un nuevo presente con interesantes lecciones, como algunas de las que necesitaba rescatar de mi memoria para llevarme conmigo.

Para superar el dolor de la ruptura, a cada persona le corresponderá realizar su propio viaje interior, una experiencia en la que reconocerá sus motivos y deberá ayudarse de lecciones o vivencias para afrontar las dificultades que el duelo trae consigo. Muchos serán los caminos, pero solo una será la meta: conocerte a ti mismo y reconocer tu propio engaño para prometerte que jamás volverás a alejarte tanto de la vida.

Lecciones del pasado

Las herramientas para la vida, las virtudes que nos hacen ser como somos y que nos ayudar a superar los baches, llegan a partir de lecciones o aprendizajes, frases o necesidades que, en su día, nos dieron el impulso necesario para volver a resurgir más fuertes que antes y afrontar nuevas tempestades.

Cada persona cuenta con sus propias técnicas, ya que es su propio camino el que las ha creado y el que les da valor y sentido. Como haría un plomero ante la necesidad de arreglar una complicada fuga, con el desamor llegaba un momento en mi vida en el que necesitaba tener a la mano una buena caja de herramientas que no solo me ayudara a afrontar el viaje en que me había embarcado, sino que, arreglando el problema, trajera también consigo otras experiencias nuevas con que afrontar retos futuros.

Puedes intentar rescatar momentos complicados de tu vida, tiempos pasados junto al dolor, para darte cuenta de que seguramente fueron ideas, aprendizajes y motivaciones personales los que te llevaron a combatir el sufrimiento y a superarlo, hasta reconocer que tú mismo disponías del remedio. Que tú eres tu propia medicina.

No existe mejor maestro que la vida, y era en la dificultad y los problemas donde podía encontrar estas lecciones, esas verdades personales de las cuales obtener muchas cosas buenas, lecciones que llegaban ahora a mi presente para recordarme lo importante de aprender y seguir aprendiendo.

Sufría uno de los momentos más complicados y tristes de mi existencia, pero recordaba que muchas veces lo malo trae consigo también cosas buenas. Pronto sería la vida, una vez más, la que me demostraría que no estaba equivocado, porque aquel dolor y tristeza traerían consigo nuevos caminos extraordinarios por los que jamás me hubiera atrevido a transitar.

Llegaba el momento de recordar, y en mi mente y en mi vida, sin ningún orden o lógica, iban llegando algunas de mis más importantes verdades.

Si un día supiste hacerlo, volverás a lograrlo

Una de estas lecciones volvía para recordarme que, si un día encontré la manera de afrontar un problema, podía volver a superar cualquier problema parecido.

Haber padecido y superado duelos similares te hace entender que, sea cual sea la intensidad del dolor, el final es siempre bastante parecido. Esa base ya es suficiente para recordar y entender que disponemos de todo lo que podamos necesitar y que, si el duelo es nuevo, también sabremos crear nuevos instrumentos para hacerle frente.

Existen diferentes circunstancias y cada relación o realidad puede ser un mundo totalmente nuevo. Así, y pese a que recordaba esta teoría, entendía que esta vez era distinto y debía seguir indagando en mi particular caja de herramientas.

Después de las nubes siempre sale el sol

Es una gran verdad que las mayores lecciones de vida llegan más a través de las derrotas que de las victorias. Fue en una de estas duras situaciones cuando una frase y su significado cambiaron el modo en que apreciaría un tiempo pasado que se me hizo bastante pesado.

En aquellos días, en un intento de consolarme, mi padre, un catedrático universitario de Historia del Arte tan apasionado como extraordinario, me explicó cómo nuestros antepasados daban respuestas a sus problemas basándose en los fenómenos que observaban en la naturaleza. Según él, había un dicho en latín que podía ayudarme, *Post nubila phoebus*, que traducido significa «después de las nubes siempre vuelve a aparecer el sol». Aquella frase cambió el modo en que afronté el duelo, reconociendo que tanto en mi vida como en la de los antiguos romanos, este fenómeno natural era una verdad absoluta.

A partir de aquel instante grabé con fuego esa lección en mi memoria para recordarme, con cada nuevo día, que pronto volvería a disfrutar. Aquella frase me serviría para reconectar con la vida y levantarme cada nueva mañana esperando descubrir de nuevo ese sol resplandeciente; y más aún, a cambiar mi interés e intención para poder despejar antes aquellos oscuros nubarrones que ocupaban mi presente. A esos tiempos le seguirían algunas de las experiencias más maravillosas de mi vida, demostrándome que no solo había salido el sol, sino que, por insoportables que hubieran sido muchos despertares, confiaba en que pronto, tal vez mañana o pasado mañana, podría convertirse en el mejor día de mi vida.

Intenta recordar este mismo ejemplo en tu propia vida; no solo me funcionó a mí, también podría funcionarte a ti, e incluso a muchos de tus conocidos y seres queridos. Una vez que hayas conseguido aceptarlo internamente, devuelve esta lección a tu realidad para no olvidarla nunca. Pronto volverás a sonreír, y este libro te ayudará a que lo logres lo antes posible.

En aquellos días, el vacío era tan grande que no bastaba con esperar sentado a que terminara la tormenta. Aunque supiera que llegaría el momento en que me recuperaría, aún me costaba querer dejar atrás aquello que creía amor verdadero. Aunque fuera complicado comprenderlo, se me hacía difícil querer dejar que pasara aquella tormenta, y puede que te esté ocurriendo lo mismo ahora a ti.

Solo existe una justicia: la tuya

Seguían llegando lecciones a mi memoria, y entre ellas había una que me recordaba que ni yo era una víctima ni el mundo un infierno en el que había tenido la desgracia de haber nacido. Un recuerdo que me decía que era inútil creer o esperar una justicia universal, ya que, lo creamos o no, esta no existe.

Entenderlo es mucho más fácil de lo que puede parecer, ya que basta con observar el mundo para ver que no todos nacemos con las mismas oportunidades, y para ser consciente de las muchas injusticias que constantemente suceden.

La vida debería ofrecer las mismas oportunidades independientemente de la raza, el color de piel o el lugar de nacimiento. Nadie elige ni las circunstancias ni el lugar donde nació, y pienso que, de existir un Dios, seguramente nos querría a todos por igual, pero la realidad de la vida nos hace entender que el mundo y la sociedad no funcionan de un modo justo. Este y otros ejemplos pueden servir para comprender que más que esperar una justicia externa o general, lo único que puede servirnos es luchar por nuestra propia justicia y por la de nuestro entorno, luchar por hacer nuestro mundo mejor y reconocer que únicamente nosotros somos los responsables de nuestra propia felicidad. Si nos ocupáramos en mejorar nuestra realidad y la de nuestros seres queridos, seguramente el mundo entero cambiaría.

De poco sirve lamentarse por la mala suerte o echar la culpa a los demás, al descuido o a la indiferencia de una pareja o amigo; tampoco el clima es igual para todos, ni la suerte, el pasado o la realidad de cada persona. También puede que aquella pareja o amigo observaran el mundo de un modo totalmente contrario a como lo haces tú.

Por todo ello, en lugar de buscar justicia, una opción mucho más práctica puede ser buscar la tuya propia, pelear por tus intereses y demostrar, demostrándote por encima de todo a ti mismo, de qué estás hecho. Con esta filosofía no solo llegaremos mucho más lejos, sino que el día que debamos valorar aquello que fue nuestra vida, tendremos pocas cosas que reclamarnos.

Luchar por nuestra propia justicia es lo mismo que responsabilizarnos de nuestra realidad, una verdad en la que, en cuanto tomamos las riendas, podemos observar los beneficios.

En aquellos días esta lección me haría comprender que de nada servía seguir ignorando la situación. La vida no iba a cambiar si yo no lo hacía, así que, ayudándome también de mi intención por volver a ver el sol y sonreír, sabía que cuanto antes lo intentara, antes podría conseguirlo.

Pero aún me quedaba la más importante de mis lecciones, esa que llegó junto a la más dolorosa de mis experiencias pasadas. Una que no solo cambió mi vida, sino también la de buena parte de mi mundo...

Tirar la toalla nunca es una opción

Muchos años atrás, siendo aún un niño, un terrible desenlace no solo cambiaría mi vida, sino también se grabaría en mi interior: tirar la toalla jamás es una opción.

Muchas veces he tratado de imaginar cual podría haber sido uno de los deseos que pediría a la vida si, como le pasó a Aladdín en el cuento, un genio apareciera por sorpresa y me concediera esta posibilidad. Ante las distintas opciones, siempre las ordenaba de mayor a menor relevancia y el primero y más importante siempre era el mismo: volver al pasado y evitar que ocurriera aquel suceso. De no haber sucedido, sé que tanto mi vida como la de muchos de mis familiares, e incluso mi mundo, sería muy distinto, ya que aquello abriría heridas que no cicatrizarían jamás. Si existiera esa posibilidad, el hacer posible un imposible, ese sería mi deseo, pedirle al genio que le enseñara a mi tío José Martín como habría sido su vida de haber podido aguantar en el mundo de los vivos... De esta manera aquel genio le habría hecho reconocer el amor por la vida, descubriéndole todo lo que la depresión en que estaba hundido no lo dejaba ver. Que sus sobrinos lo querían como si se tratara de un hermano, y sus hermanos y familiares jamás podrían reemplazarlo por nada ni nadie. Un futuro en el que la vida habría traído regalos inimaginables, y en el que serían infinitas las oportunidades de volver a sonreír y enamorarse de la vida. Nuevos e incluso mejores caminos llegarían a su presente, como también nuevas y mejores amistades e incluso amores, descubriendo un mundo lleno de posibilidades, infinitos soles y también, como en toda realidad, alguna que otra tormenta. No pediría a aquel genio que engañara a mi tío; le pediría únicamente que pudiera mostrarle todo lo que hubiera podido llegar a su vida, una realidad que espera a todo aquel que puede o sabe aguantar... Así habría descubierto ese engaño en que aquella enfermedad llamada depresión lo tenía hundido, un monstruo que le hacía revivir una y otra vez recuerdos y realidades que lo hundían cada vez más. Le habría mostrado que aquel enorme vacío que dejó en todos nosotros era tan grande como el amor que se merecía y que él se había ganado siendo como era.

Por desgracia, en esta vida no existen genios y, volver al pasado es un completo imposible, con lo que aquella triste realidad trajo consigo una importante lección a modo de juramento que tanto yo como mis hermanos y primos le decidimos hacer a la vida. Tras descubrir a tan temprana edad cómo aquella pérdida había cambiado nuestras vidas para siempre, sintiendo ese inmenso dolor por no querer olvidar o dejar atrás a nuestro querido tío, nos «juramos por J» (en honor a la inicial con que comienza su nombre), a él y todo lo que significaba para nosotros, que no solo nunca olvidaríamos aquello que ahora sentíamos y el tiempo intentaría llevarse consigo, sino también que, por muy difícil y fuerte que pudiera ser nuestro presente, jamás sería una opción tirar la toalla...

Por desgracia, la depresión de mi tío José Martín, aquel monstruo que se alojó en su cerebro, se llevó consigo al más querido de mis tíos, todo un ejemplo de amor, voluntad y cariño. Por desgracia, él no conoció aquel juramento y tampoco pudo darse cuenta de todo lo que se llevaría consigo; desgraciadamente no pudo liberarse de aquel engaño en que lo sumía su mente.

Aquella pérdida me hizo comprender siendo aún un niño que la depresión poco tiene que ver con la tristeza, sino que es algo mucho más fuerte y peligroso, una enfermedad que te aleja de la realidad para intentar vaciarte poco a poco, haciéndote vivir en un engaño creado por la mente, por el que todo deja de tener el más mínimo sentido. Una mentira que se basa en crear un mundo mágico en torno al pasado haciéndote creer únicamente en lo que ya nunca será, un monstruo que te desgasta y te maltrata hasta límites inimaginables, restando toda la energía e ilusión que necesitas para mantenerte vivo, e incluso eliminando tu propia capacidad de razonar. Un monstruo que debe ser combatido con todas las fuerzas, propias y ajenas, hasta darnos cuenta de que la vida siempre puede sorprendernos con nuevas y emocionantes realidades.

En vez de tirar la toalla, úsala de capa y haz tus sueños realidad

Aquella dura experiencia conseguiría hacer de mí alguien más fuerte, y me ayudaría a comprender que, ante el duelo, la tristeza o la depresión, la única opción es trabajar duro con todas nuestras fuerzas y herramientas para que la ilusión vuelva a nosotros lo antes posible. Siempre existe esa opción, la de poder descubrir en el dolor una increíble oportunidad para mejorar nuestra vida.

El pasado me había demostrado que la manera más directa y veloz de conseguirlo era tomar esa toalla que la vida parece querer que tiremos y amarrarla a nuestro cuerpo para que, usándola a modo de capa, tengamos más poder e incluso logremos llegar más lejos de lo que imaginábamos. Y llegaría el día en que decidiría ponerme la capa para cruzar las tormentas, buscando no solo el sol, sino también mi propia justicia, intentando convertir la depresión en ilusión y devolviendo el sentido a esa vida que tantas cosas buenas tenía por ofrecerme.

Por todo ello un día pensé y empecé a poner en práctica el siguiente razonamiento...

> ***«En vez de tirar la toalla, úsala de capa y haz tus sueños realidad».***

Esta idea, la de ponerme la capa y hacer realidad algunos de mis sueños, llegaría a mí hace años reconociendo realidades en personas que, ante los más terribles duelos, en vez de tirar la vida por la ventana y sabiendo que poco tenían que perder, habían decidido hacer todo lo contrario, consiguiendo vivir realidades realmente maravillosas... Y si lo pensamos bien, podemos fácilmente entender que, si existe un monstruo en nuestro interior que intenta alejarnos de la vida, no existe mejor modo para liberarse de él que demostrarle todo lo contrario a cuanto pretende conseguir...

La depresión puede llegar a nosotros haciéndonos creer, con infinidad de engaños y trampas, que la vida no tiene sentido ni valor. Pero si en vez de hacerle caso le demostramos lo contrario, viviremos experiencias que nos harán sentir el importante valor de estar vivos, la magia de nuestra existencia y sus infinitas posibilidades, hasta conseguir echar al monstruo de nuestra casa y descubriendo, a la vez, que *en la vida unas veces se gana y otras se aprende*.

En mi historia junto al desamor, se acercaba el momento de ir en busca de emociones y experiencias llenas de ilusión. Si jamás antes lo había vivido y mi corazón me lo pedía, ¿de qué servía no hacer algo por miedo? Dado que tenemos poco que perder, ¿por qué no intentar hacer realidad muchas de las cosas que, en nuestra falsa seguridad, creemos imposibles? Si llegamos al punto de valorar tan poco la vida o el presente, ¿por qué no tomar un capote y salir a torear nuestra propia realidad? Necesitaba ilusión y debía buscar el modo de recuperarla, y era mucho más sencillo hacerlo si reconocía que no tenía mucho que perder.

Si tú también perdiste la ilusión por el presente, sabes que solo existe un remedio, y es responder afirmativamente a las preguntas del párrafo anterior. Sabes que no tienes nada que perder y que es mejor intentar disfrutar de la vida, aunque te tachen de loco o aunque te equivoques, que enloquecer por alguien que no supo o quiso apreciarte. Llegó el momento de ponerse la capa para saborear tu presente. Métete esta idea en la cabeza y verás como pronto será la vida la que te sonría.

En aquel pasado, estos y otros pensamientos me devolvían destellos de felicidad, ya que me daba cuenta de que tenía barra libre para hacer de mi realidad aquello que quisiera. Seguía bloqueado, desilusionado y atormentado, pero sabía que moverme y trabajar en mí era la única solución. El modo poco importaba; ganar o perder, equivocarse o acertar… todo eso daba igual. Lo importante era sentir, ya que ¿de qué servía seguir viendo pasar los días sin querer o poder disfrutarlos?

Me daba cuenta de que era mejor vivir sin miedo, ya que vivir sin ilusiones es lo mismo que no vivir. Debía experimentar y, de este modo, empecé a vislumbrar cuáles podían ser algunas de mis infinitas posibilidades. *Empezaba un viaje con un único destino: recuperar la ilusión por la vida.*

EL CAMINO

«Caminante, no hay camino, se hace camino al andar».
ANTONIO MACHADO

Empezaba mi aventura, un viaje sin nombre, rumbo ni destino, en el que mi único objetivo sería volver a conectar con la vida. Un camino que, como bien dicen los versos que encabezan el capítulo, se iría formando mientras daba cada uno de mis pasos.

Tu educación, tus creencias, prejuicios y metas son y serán muy diferentes a las mías, pero seguramente tu principal necesidad, ahora que convives con el desamor, sea la misma que surgió en mi vida: *dejar de sufrir y recuperar tu vida.*

Te corresponderá dar tus propios pasos, combatir tus monstruos particulares y escucharte en soledad.

Solo tú podrás encontrar tus respuestas, y en ti hallarás también las herramientas y las cualidades que te ayuden a reconocer el modo equivocado en que vivías tanto el amor como la relación, eliminando así esa venda que puede hacerte comprender cuáles fueron tus principales errores y de qué está hecho realmente el amor.

Ten por seguro que este viaje no será sencillo ni siempre agradable, pero no tengas miedo, ya que, si lo realizas, puedo asegurarte que no solo descubrirás que la vida es algo mucho más mágico de lo que la imaginabas, sino que tú mismo también lo eres, y tus posibilidades son y serán tan grandes como lo sea tu deseo en hacerlas realidad.

A continuación, resumo una parte de la aventura que me llevaría a descubrir todo lo que necesitaba, una odisea que espero que pueda ayudarte a visualizar también tus metas y necesidades, ya que, seas consciente o no, ya empezaste tu propio viaje desde el mismo momento en que decidiste abrir este libro.

En mi pasado, sin apenas advertirlo, había ido llenando aquella mochila que pronto pondría a mis espaldas para empezar a caminar, y de este modo las más importantes de mis lecciones se convertirían en mis mejores herramientas. También necesitaría sustento, y qué mejor alimento para la vida que llevar conmigo un poquito de amor. Mi mente y mi memoria reservaban espacios que jamás serían ocupados por nada distinto; allí guardaba miradas, gestos, experiencias o emociones, rincones que me demostraban todo aquello que daba razón y fuerza a mi vida para los momentos en que pudiera necesitarla. De frente al viaje más importante de mi existencia, mis seres queridos y algunas de mis vivencias más importantes formarían el equipaje que me ayudaría a no desistir en mis esfuerzos para volver a la vida.

Sabía que para reponerme por completo me faltaba devolver a mi vida el ingrediente que siempre le había dado sentido: la ilusión. Una ilusión no solo por nuevos presentes, sino también por transformar esa tristeza que se esforzaba por vivir dentro de mí en verdadera y sentida felicidad. Para que mejorara mi realidad debía cambiar el modo de comportarme, y todo tenía que empezar en mi interior.

Pero ¿cómo realizar tan importantes cambios cuando en mi cabeza no dejaban de ocurrir los peores escenarios posibles? ¿Cómo hacerlo cuando seguía creyendo que sufrí la peor de las derrotas e imaginaba el más triste y oscuro de los escenarios? ¿Cuál era el modo de comenzar si me sentía completamente bloqueado ante la vida?

No tenía las respuestas a estas y otras preguntas, pero pronto acepté que la solución consistiría en dar los pasos necesarios aunque no existiera un rumbo ni una meta definida. El propio camino crearía esa nueva historia. Empezar a caminar era lo importante, y el viaje comenzó en cuanto comprendí que mi mayor enemigo *era yo mismo.*

Y tú, ¿quién eres?

Me encontraba totalmente perdido ante el desamor, y mi ideal de vida asociado al amor y a la edad, con todo aquello que pensaba ya que debía haber conseguido, no hacían sino el tormento aún más complicado.

Ese gran vacío me llevaba a un necesario periodo de búsqueda interior, una meta que tardaría en alcanzar y encontraría solo viviendo. Si quería disfrutar de momentos de felicidad, mi principal objetivo era aprender a ver las cosas de otra manera más inteligente. Comprendí, en gran parte, esta necesidad gracias a un artículo en una revista en la que se explicaba cómo diferentes estudios científicos habían logrado encontrar a «la persona más feliz del planeta», un biólogo y budista francés llamado Mathieu Ricard. Según el texto, el motivo que el biólogo asociaba a tanta alegría estaba en la práctica de una actividad al parecer tan antigua como la vida llamada meditación. Reconozco que nací en una época y en una sociedad llena de prejuicios, así que me surgieron muchísimas dudas... Consideraba la meditación una especie de práctica sectaria y estaba seguro (todavía lo estoy en parte) de que alguna que otra comunidad podría aprovecharse de ella para su propio beneficio; pero también, por fortuna, aceptaba que era extraño que tanto aquellos estudios como muchos libros y personas, aseguraran los muchos beneficios de esta práctica si realmente no los había. Y como, ante todo, reconocía que mi situación tenía mucho que ver con mi equivocado modo de observar la vida, decidí investigar el mundo de la meditación. Así, comprendí que meditar no consiste en estar sentado sin hacer nada, sino más bien en calmar y reordenar la mente para dar el justo valor a nuestros pensamientos. Meditando podía aprender a mantener lo bueno y a eliminar lo malo, y, sobre todo, dejar atrás todo ese ruido sin sentido en forma de razonamientos sin orden ni lógica, y aprender también a tratarme bien a mí mismo. Podía empezar a hablar bien conmigo mismo, usar constructivas palabras que me ayudaran a crecer y borrar los insultos o maltratos cuando llegaran; en resumen, meditando podía aprender a ganar en amor propio y sacarle más jugo a la vida.

Mi objetivo principal empezaba a crecer en volumen y también en forma. La necesidad de dejar atrás esa agonía interna que vivía me había hecho entender que era yo, y no el mundo, quien debía cambiar el modo de ver y sentir las cosas.

Pasaban los días y, aunque continuaba vacío por dentro, cada vez eran más las experiencias y realidades que me hacían descubrir un antes y un después en ese duelo que me había tocado vivir. La famosa cita de Epícteto, que explicaba que no era el problema, sino la forma de entenderlo, lo que nos provoca el dolor, no hacía sino aumentar en mí la necesidad por encontrar el modo de mejorar la manera de usar mi mente. Comprendía que la realidad objetiva de las cosas no existe como tal y que, tanto nuestra idea de la vida como del mundo, las personas o el universo, son más una percepción totalmente subjetiva, que depende en buena medida de nuestros conocimientos, educación, creencias, prejuicios e historia personal. Así, del mismo modo que puedo dar valor a las cosas de una manera diferente a otra persona, también el modo en que vivo o siento el fracaso o el éxito es solo una percepción personal sobre esa idea a la que alguien un día decidió poner un nombre.

Estos pensamientos me demostraban que podemos ser felices ante la peor de las desgracias, y también infelices aun obteniendo la más importante de las victorias, porque el único factor de que depende todo es nuestra propia manera de apreciar la realidad. Descubrí que ser feliz o infeliz era sobre todo una decisión personal en la que el mundo, el clima, las injusticias, el pasado, el presente o el futuro, poco o nada tenían que ver. Aquello que te convertía en una u otra persona era solo el modo en que tú mismo decidías entenderlo. Todo esto reforzaba esa naciente idea de que buena parte de mi felicidad dependía completamente de mí. Yo era el único responsable, y reconocerlo me devolvía momentos de alegría y esperanza. Sabía que necesitaba pensar de un modo más sano para volver a sentirme vivo.

Poco a poco iba eliminando alguna que otra piedra del camino. Sin embargo, la urgencia me volvía loco, ya que no conseguía cambiar mi realidad de un día para otro. Las urgencias no son buenas compañeras, y las mías solo lograban mantener y hacer más grande el bloqueo que sentía. Mi estado de ánimo no cambiaba y creía vivir dentro de una especie de cuenta regresiva que, cuando terminara, acabaría con mis oportunidades. Por fortuna, en un momento de lucidez descubrí un centro budista cercano a la casa donde vivía, el centro de meditación tibetana Kadampa, en el barrio romano de Trastevere. Mi angustia y mi frustración no dejaban lugar a dudas: llegaba el momento de luchar contra mis miedos y cruzar ese umbral que me sumergiría de lleno en una nueva realidad. Me gustara o no, no podía seguir así, y antes de rendirme llegaba el momento de intentarlo.

Cambiando el modo de ver las cosas

Debo decir que me costó bastante dar el paso definitivo para acercarme a una realidad que nada tenía que ver con quien yo había sido hasta entonces. Pero también recuerdo que no solo aceptaba que no había nada que perder, sino que ya llevaba puesta mi capa y podía empezar a volar por mundos desconocidos.

Llegó así el día en que me acerqué a aquel centro de meditación y me paré ante una de sus enormes puertas. No sabía qué esperar y recuerdo cómo mi gran cantidad de prejuicios me atacaron en el mismo momento en que cruzaba el umbral. Prueba de ello fue la idea de que seguramente muchos de los monjes «rapados» (eso pensaba encontrar) que pronto conocería podrían estar muy locos. Pero también aceptaba que, aun en caso de que eso fuera cierto, difícilmente estarían peor de como me encontraba yo en aquellos momentos. Con estos pensamientos, todavía sin creérmelo del todo, di el paso definitivo tras el que un nuevo universo se abriría ante mí.

Dentro de aquella dimensión no solo descubriría que no me encontraba en ningún capítulo de *Dragon Ball* ni en alguna oscura o peligrosa secta, sino simplemente ante personas que, como yo, un día llegaron allí en busca de respuestas. Poco a poco fui perdiendo la timidez y me centré en aprender a hacer aquello que había considerado un imposible y se convertiría en la mejor de mis medicinas: intentar controlar mi mente, aprender a meditar.

No creo que todo el mundo deba aprender a meditar, pero sí considero que es nuestro deber comprender y saber tratar nuestra mente. De este modo, no solo hacemos nuestra experiencia más fácil, sino, sobre todo, más bonita.

Piénsalo bien: intenta descubrir muchos de tus pensamientos autodestructivos, algunos de los momentos en que tu impulsividad o rabia hicieron que te equivocaras. ¿No crees que todo hubiera sido distinto de haber guardado la calma? Recuerda los prejuicios que tienes ante la vida. ¿No crees que sería mejor saber controlar tu mente y dirigirla hacia aquello que pueda ayudarte a disfrutar más, y no al contrario?

> **La meditación puede ser un camino, pero, para hacerlo, lo más importante es intentar conocerse a uno mismo, encontrar momentos de calma, contar con buenos consejos y consejeros, e incluso saber disfrutar de la soledad, de un libro o del más absoluto silencio.**

Llegarán momentos en nuestras vidas en los que el dolor sea una señal que busca hacernos entender una sencilla cosa: que estamos desviándonos del camino que realmente conseguirá hacernos disfrutar de la felicidad. Este es el mejor momento para indagar en nuestro interior y reconocer nuestros errores, el mejor momento para comenzar a transformar también nuestra propia vida.

La felicidad es una opción con infinitas formas y todos tenemos las mismas posibilidades de alcanzarla. El dolor del desamor es uno de los mejores momentos en que poder aceptarlo y luchar por conseguirla.

Ese peligroso piloto automático que nos va dando forma sin darnos cuenta

Quería devolver a la vida más momentos de alegría. Las visitas al centro tibetano fueron las necesarias para darme cuenta del modo en que funciona nuestro cerebro y damos forma a nuestros pensamientos y emociones. En la meditación, una serie de mantras (frases o palabras que se recitan como apoyo a la meditación), ayudan a sumergirte en un estado de concentración, en el que te es más sencillo ayudar a tu mente a dejar de dar importancia a los muchos pensamientos que allí se suceden. De este modo, dejando de centrarse en esas voces, puedes ir más allá y situarte por encima, observándolos… En este estado no debe existir el juicio, ya que este desencadenaría de nuevo el ciclo de ruido interno. Por ello, los expertos en meditación aconsejan centrarse en la respiración o en la visualización de un objeto, buscar un foco de atención que nos ayude a dejar de dar importancia a aquello que pensamos.

Y es en este estado de relajación en el que observamos cómo funciona nuestra razón, entendiendo cómo valoramos las cosas, cuáles son algunas de nuestras creencias y prejuicios y, lo más importante de todo, la manera en que nos tratamos a nosotros mismos. Con la práctica, podemos trabajar en esa forma de observar la vida, en ocasiones tan autodestructiva y deprimente, y cambiarla. Conocemos la conciencia y, de este modo, podemos también empezar a tomar conciencia de nosotros mismos.

Gracias a la meditación descubrí cuál era el principal de mis males, un desconocido piloto automático que dentro de mi mente daba forma a mis pensamientos, creando mi (muchas veces oscuro) mundo interior. Me daba cuenta de cómo la mayor parte de mis creencias sobre felicidad, éxito, amor o fracaso provenían de esas ideas que había absorbido en cuanto comencé a comunicarme con el mundo. Pausando mi lógica, entendía cómo se sucedían estos y otros razonamientos y así, observándolos sin tocarlos, descubría y dejaba pasar prejuicios o valoraciones que ni necesitaba ni servirían de nada. Las ideas y las razones se sucedían y, en aquel estado meditativo, podía llegar a descubrir el origen de muchas de ellas.

Esa necesidad de sentirme valorado, ahora por mi ex, pero otras veces por mis padres, otros seres queridos e incluso por parte de la sociedad, unida a esos ideales que había identificado como portadores del éxito o el fracaso, eran los principales responsables de cómo me sentía.

Mis ocupaciones terminaron alejándome de las prácticas en aquel centro budista, pero algo dentro de mí ya había cambiado. Durante aquella etapa no solo había reconocido buena parte de mis equivocaciones; también había decidido que nunca más aceptaría mantener esa infinidad de pensamientos negativos en mi mente sin intentar modificarlos. Una especie de meditación constante y silenciosa se había apoderado de mí y así sentía que comenzaba a entenderme cada vez más y mejor.

Si había una idea que se imponía al resto era esta: estoy vivo porque siento, y nadie puede ni podrá conocer mi dolor o alegría ni hacerlo como lo hago yo. Por todo ello, nadie tampoco podría decidir el modo en que yo hiciera navegar mi barco. Las ideas, las razones y las necesidades debían de ser absolutamente mías, y solo siendo consciente de ello podía aceptar o valorar las cosas en su justa medida. Si existía un sentido para la vida, ese debía de ser exclusivamente mío.

En estas primeras etapas de mi viaje interior, intentando comprender el motivo de muchos de mis miedos, comenzaría a conocerme más y mejor que nunca. Llegaba el momento de conectar con la vida y, no existía mejor manera de hacerlo que probar para definir el modo en que quería disfrutarla.

Descubrir el poder de la meditación y sus efectos en mi mente me había cambiado por dentro. Y no solo fue la práctica de la meditación la que supondría un antes y un después en este duelo, sino también reconocer y comprender la propia responsabilidad ante la forma en que utilizamos nuestros pensamientos. Ahora entendía mejor cómo se formaban mis razonamientos, aceptaba que en mi mente existían creencias equivocadas, descubría que algunos rumores solo provocaban malestar o dolor y también observaba cómo yo me estaba dedicando, desde hacía mucho tiempo, a torturarme sin necesidad ni sentido.

Ser consciente de ello, eso era meditar, y para hacerlo no necesitaba de centros budistas ni posturas que se me hacían imposibles.

Sabía que ser feliz es más bien un arte de ver y sentir la vida, en vez de aceptar todo cuanto llega. El dolor habitaba en mí, pero también existía la felicidad: todo dependía del modo en que supiera utilizar mi propia mente…

Saliendo de mi zona de confort

Ahora, mirando atrás, creo que, pese al dolor, aquellos meses forman parte de una de las mejores etapas de mi vida. Aún no había espacio para la alegría y el día a día seguía provocándome tristeza, pero eran momentos de lucha contra muchos de los monstruos que habían habitado en mi mente durante toda mi existencia. Intentaba constantemente descubrir aquello que podría hacerme más feliz. Empezaba mi periodo de pruebas, y sería el sentimiento resultante de cada una de ellas el que marcara si las experiencias o mis creencias tenían importancia para mí.

Meditando me había dado cuenta de que la persona que yo era la conformaban, en su mayoría, ideas que no me pertenecían; también entendía que muchas de esas ideas no hacían sino dirigir mis pasos hacia el lugar equivocado. Y si había una intención o un interés que las ponía en movimiento, era contentar a las personas que consideraba mi mundo y que dictaban (aunque fuera inconscientemente) buena parte de mis pasos. Hasta entonces había creído que, cuando los enorgullecía, me satisfacía también a mí, y que el resto tenía poca importancia. Ahora comenzaba a pensar dónde quedaba yo, y de este modo algo dentro de mí empezaba a hacerse una pregunta de difícil respuesta: *y tú ¿quién eres?*

Mis primeros pasos intentando conectar conmigo mismo me devolvieron de nuevo a ese mundo conocido, aquello que podía llamar mi zona de confort. En aquellos tiempos vivía en Roma, tenía trabajo estable y unos amigos increíbles, pero reconocía que aquella vida ya no me hacía feliz. En aquel lugar y aquel presente no podía vislumbrar muchos de los cambios que necesitaba en un corto o mediano plazo, e incluso lo veía bastante complicado. Todo esto, unido a la poca pasión que sentía por mi trabajo, me mostraba el gran sinsentido que tenía seguir haciendo siempre lo mismo. Además, desde que dejé mis raíces en el País Vasco, me perseguía una fuerte melancolía, y comprendí que llegaba el momento de hacer cambios en mi vida. Tenía una inmensa necesidad del cariño que encontraba en amigos y familia, y me daba miedo soltar. Quizá volver a casa…

Los primeros meses de mi necesaria transformación fueron un debate por elegir mi lugar en el mundo. Solo observaba dos posibilidades: aferrarme a mi familia o a mis amigos, volver a Vitoria o seguir en Roma. Y fui utilizando parte de los pocos ahorros de los que disponía para saltar de un lugar a otro al menos una vez al mes.

En Vitoria el clima no me gustaba en absoluto y los pocos amigos que se habían quedado allí llevaban una vida demasiado seria y responsable. Mi familia requería casi el cien por ciento de mi tiempo, ya que había pasado muchos años lejos de ellos y también quería disfrutar de mis maravillosos sobrinos; y así, uniendo una y otra cosa, mientras me encontraba allí, jamás intentaba ni veía posible buscar un nuevo trabajo.

Seguramente me costaba entenderlo, pero me era más complicado adaptarme a esta realidad que había dejado atrás que al posible sinsentido que desde hacía años vivía en Roma. Cuando estaba con mi familia comparaba constantemente mi realidad con la de mis hermanos, y una vez que aterrizaba en la capital italiana me torturaba con el recuerdo de lo que había dejado atrás. Todo esto hacía más fuerte esa necesidad interna de cambio para observar el mundo con nuevos ojos, unos que pudieran devolverme la alegría dejando a un lado la continua tristeza.

Poco a poco empezaba a darme cuenta de que el lugar no tenía importancia y que la solución no tenía por qué ser Roma o Vitoria. También, aun sabiendo que siempre necesitaría cerca a mis seres queridos, sabía que no encontraría en ellos las respuestas que estaba buscando. Era difícil estar solo, pero reconocía que sería en soledad como lograría desconectar de tantas emociones y descubrir lo que necesitaba. La cuenta regresiva para dejar Roma cada vez estaba más cerca y empecé a estudiar las posibilidades en nuevas realidades. Preparar el plan lo mejor posible era una obligación para disminuir el enorme miedo que sentía ante la necesidad de escapar de mi «zona de confort». Me daba cuenta de que la respuesta a mis problemas no parecía estar en el trabajo ni en el lugar donde vivía, sino más bien en centrarme en aquello que me acercara a la vida y dejar poco a poco de lado todo lo que me alejaba de ella. Aunque me acompañara el miedo, entendía que poco o nada podía perder en el estado en que me encontraba. Llevaba puesta la capa y poco o nada me importaba el resultado final. Mi vida era solo mía, y yo era la única persona a la que un día debería rendir cuentas…

Mi antiguo yo ya no servía y, para moldear uno nuevo, debía reconocer y descubrir cuáles eran mis verdaderos ideales, gustos y necesidades. Todos mis intentos, muchos casi inconscientes, trataban de reconectar con el mundo y el presente, y así empecé a realizar más viajes y excursiones con amigos, a disfrutar de pasiones olvidadas o incluso de mí mismo en soledad, dejando a un lado la fiesta del fin de semana, que no hacía otra cosa que mantenerme deprimido. También comencé a realizar deporte a diario junto a mis amigos Caruso y Ermanno, mi mejor apoyo en aquellos tiempos. Y entre tantas pruebas no podía faltar seguir viendo a la familia para recuperar mucho del amor que sentía perdido. Sabía que seguir haciéndolo todo como lo había hecho hasta entonces no serviría, que algo dentro de mí me decía que pronto mi realidad debía cambiar y me estaba preparando para ello…

Eran cada vez más las pruebas, y también más grande la necesidad de conseguir disfrutar de esa soledad que me ayudara a reconectar con la vida, y así comenzó a nacer una idea, la de realizar un gran viaje en solitario en busca de recuperar esa intención e ilusión, que pudiera devolverme de lleno a vivir el presente.

Un pequeño empujón en forma de salto pronto me haría el cambio más sencillo, con un vuelo hacia un nuevo vacío, pero que esta vez era un vacío *lleno de vida*.

Un salto hacia la vida

Pocos días antes mi hermano había realizado un vuelo en parapente con mi cuñado al que me habían invitado, pero, debido a la distancia, no había podido acompañarlos. Sin embargo, me animé a probarlo, ya que tal vez esta actividad tan distinta de lo que solía hacer podía ser una maravillosa opción. Necesitaba hacer cualquier cosa que me ayudara a salir de aquel estado en que me encontraba y volver a conectar con la vida, y sabía por experiencia propia que la mejor terapia era una buena embestida. Hablé sobre ello con mi amigo Caruso y poco después, nuestro compañero y amigo Roberto se sumó al plan. Sabía que enfrentarme con alguno de mis miedos podía ser mi mejor medicina, así que, decidido, organicé todo lo necesario para afrontar aquel novedoso y «terapéutico» salto.

Puedo parecer una persona rara, pero llevaba puesta la capa y, por ello, cuanto peor me sentía, mayor se hacía la necesidad de vivir experiencias diferentes o extraordinarias. Sentía que no había mejor modo de acercarme a la vida cuando sientes que te estás alejando de ella. En aquellos momentos podía ser, ¿por qué no?, intentar volar.

El día del salto, mientras subíamos la montaña en una camioneta junto a los instructores y esos artefactos que funcionarían como alas, me di cuenta de aquello a lo que pronto me iba a enfrentar. Yo nunca había sido capaz siquiera de apoyarme con tranquilidad en el barandal de un tercer piso y, según nos comentaban, nuestro vuelo comenzaría a una altura de más de mil metros. En pocos minutos iba a vivir una experiencia que, seguramente, de no haber sido por aquella depresión que me tenía aturdido, jamás hubiera elegido vivir.

Entre el momento en que sabes que vas a enfrentarte a aquello que temes y el instante en que empiezas a correr y lo afrontas se encuentra el mensaje que aprendí durante aquella situación, esa maniobra que te acercará a aquello que necesitas o deseas vivir.

Al llegar a la cima, el instructor con el que realizaríamos el salto nos preguntó cuál sería el orden en que saltaríamos. Como todos teníamos miedo, elegí ser el primero porque sabía que, de no hacerlo, posiblemente me echaría para atrás en el último momento. Mis amigos aceptaron, así que, muy preocupado y sin comprender del todo por qué me había adentrado en aquella nueva locura, me preparé para tan terrible salto. Muchísimos miedos e ideas catastróficas revoloteaban en mi cabeza cuando el instructor me indicó que había llegado mi momento, debía prepararme para saltar. Sabía que llegaba la hora y estaba convencido de querer vivir al cien por ciento aquello que estaba por ocurrir. Así, como por arte de magia, decidí eliminar las preocupaciones de mi mente para centrarme totalmente, para afrontar de la mejor manera aquello que ahora ocupaba mi presente.

No había vuelta atrás. Unos cincuenta metros separaban la seguridad de pisar tierra de la incertidumbre de un desconocido vacío, y lo único que podía y debía hacer era correr lo mejor que pudiera en cuanto me lo indicara mi instructor, piloto, ángel de la guarda y salvavidas. Y así, corrí y corrí hasta que ya no quedó suelo, y fue el momento en que finalmente descubrí esa increíble experiencia.

Con aquel salto no superé el vértigo, pero sí afronté uno de mis grandes miedos y vi que muchas veces las preocupaciones no son otra cosa que producto de la imaginación, fantasías que casi siempre nos sirven de pretexto para no experimentar algo que es necesario vivir. Y es en momentos como estos cuando es necesario superar la ficción que nos plantea nuestro cerebro en forma de excusas. El salto que acababa de dar demostraba esa lección: que la vida está para vivirla, aunque los miedos o las preocupaciones quieran evitarlo.

Acababa de presionar el interruptor de encendido de un mecanismo que ya no podía parar. Si la vida me indicaba que experimentar algo era necesario, esta experiencia me obligaría a recordarlo y a eliminar cualquier excusa. Ese viaje que seguramente jamás antes hubiera tenido el valor de realizar, acababa de convertirse en toda una obligación que debía ser vivida…

El primer gran paso

Hasta el momento, mis pasos y pruebas comenzaban a conseguir conectarme poco a poco con el necesario presente, pero no era suficiente. Comenzaba a darme cuenta de que, tal vez debido al enorme vacío que sentía, mis principales movimientos no eran del todo míos, ya que los acompañaba el miedo por dejar atrás mi mundo conocido.

Me parecía casi imposible alejarme de mi zona de confort, pero cada vez me daba más cuenta de la necesidad de cambiar la manera de ver las cosas y empezar a responder a las tantas preguntas que mi yo interior me estaba pidiendo a gritos. Necesitaba ese cariño que venía de afuera, pero sobre todo necesitaba ese otro que hacía tiempo que había perdido, el amor propio, el amor hacia mí mismo.

El lugar donde encontrar a esa parte de mí que realmente necesitaba no estaba en esa zona conocida, donde me resultaba imposible centrarme o dejar a un lado mis costumbres o responsabilidades. Entendía que debería hacerlo en un sitio muy distinto, uno sin reglas conocidas ni obligaciones, un rincón donde mis creencias o prejuicios no tuvieran razón de ser, y en el que tampoco tuviera el más mínimo de los sentidos mantener a mi antiguo yo; un espacio donde no tuviera lugar la monotonía ni existiera hábito alguno. Tal vez aún no me daba cuenta, pero había llegado el momento de *volver a nacer*.

Parecía un imposible, pero incluso la más complicada de las metas empieza siempre con un primer paso, y sería con este con el que comenzaría la aventura más necesaria, y también aterradora, de toda mi vida.

Tras distintas pruebas, saltos e incluso vuelos, despedidas y reencuentros, una idea se iba haciendo cada vez más necesaria. Necesitaba estar solo, conocerme mejor, ver la vida con nuevos ojos, descubrir distintas posibilidades, entender cuáles eran esas ideas o creencias que me hacían daño y cómo se habían creado, para poder cambiarlos. Dar un sentido diferente no solo a mis pensamientos, sino también, y sobre todo, a mi propia vida. Necesitaba otra realidad en la que poder demostrarme de qué naturaleza estaba hecho, a la vez que recuperaba la ilusión para no volver a perderla jamás.

Nunca había reconocido esta innata necesidad que surgía en esos momentos, pero debía viajar lejos, para poder ir hacia una cultura completamente diferente. Y era algo que en esos momentos me daba mucho miedo, entendía que debía hacerlo solo. Por suerte, gracias a internet y también a la globalización (al menos a su parte positiva), conocer y reconocer nuevos horizontes está al alcance de muchos, al igual que comprar boletos de avión hacia lugares lejanos. Con todos estos ingredientes unidos a mi necesaria y renaciente locura, un mundo de posibilidades e ilusiones se abría ante mí. No había lugar a excusas. Con todo el mundo a mi disposición, poco a poco algunos destinos fueron siendo más probables: Tailandia y la India. Debía sentirme seguro para dar aquel enorme paso, por lo que quise analizar ambos países. Así, fui estudiando profundamente los detalles hasta poder decir que ocupé en esta tarea gran parte de la locura que sufría en aquellos momentos por esa necesidad tan impaciente de volver a la vida.

De este modo, aproveché también mis jornadas laborales, convirtiendo aquella aburrida oficina y el feo lenguaje de programación en elefantes, mapas o santones indios que llenaban la pantalla de mi computadora. No quería fallar en mi objetivo y, como sabía que esta era mi prioridad, reconocía que disponía de todo el tiempo del mundo…

Inicialmente la opción de Tailandia llamó más mi atención, ya que era un destino más conocido y aparentemente seguro, por lo que empecé a profundizar más en sus ventajas o desventajas respecto a su vecina India, a primera vista bastante más oscura, caótica y desconocida. El país de la sonrisa parecía disponer de preciosas playas, mucho turista y, mucha y muy buena fiesta; y aunque estos ingredientes le hubieran bastado a mi anterior yo para lanzarse de inmediato hacia este destino, no lo hacían así en ese nuevo y perdido yo que solo buscaba una meta, descubrir un nuevo y más inteligente rumbo para su vida. Así, investigué más a detalle y elegí finalmente la India, un lugar que sabía que no me defraudaría, un rincón especial donde descubrir otra realidad, otro yo con el que poder volver a conectar.

El tiempo se convirtió entonces en uno de mis principales enemigos ya que, como cualquier momento sería bueno para empezar el viaje, postergaba continuamente la decisión de comprar los boletos hasta crear un círculo sin fin en mi cabeza que se hacía insoportable. ¿Cuándo daría ese paso que me acercara a esa nueva aventura? ¿Realmente me atrevería o solo eran señales de humo? ¿Esta necesidad me pertenecía realmente o me estaba volviendo loco? Viajar solo a un lugar tan lejano, desconocido e incluso peligroso, ¿yo? Estas y otras preguntas aparecían a diario y, dada mi inestabilidad emocional poco o nada comentaba a mi familia y amigos.

El salto en parapente y todas las sensaciones que trajo me ayudaron a comprender que había realidades que valían la pena ser vividas, verdades como la de esta nueva aventura. Esa reciente experiencia se instaló en mi cabeza para no escapar jamás, para recordarme constantemente la importancia de vivir.

Necesitaba solo un pequeño empujón, una realidad que en aquellos tiempos me llegaría en forma de un libro titulado *La muerte de Iván Illich* de León Tolstói. En él se narraba la trágica pero muy común historia en la vida de un hombre llamado Iván, alguien que parecía reconocer a la llegada de su propia muerte que tal vez en esa vida que ya estaba terminando, no había seguido sus propios ideales, sino los de otras personas. En aquella obra, el protagonista se preguntaba si realmente había vivido la vida que quería vivir. Me reconocí a la perfección en muchos de los pensamientos del personaje, ya que, como él, no me sentía atraído por mi profesión ni por muchos de los caminos que había tomado. También reconocía que muchos de mis intereses, e incluso buena parte de los éxitos o fracasos que había podido sentir, no eran realmente míos.

Me daba cuenta igualmente de una preocupante realidad: con aquel amor, con aquella pérdida que me había hundido en la más terrible de las depresiones, ¿de verdad me había fallado a mí mismo o había fallado más a esa idea de éxito que yo mismo me había creado? ¿Era realmente amor o buscaba demostrar e incluso demostrarme que sería un día capaz de sentar cabeza? ¿La idea de tener casa y familia significaba realmente conseguir el éxito y la felicidad para mí? Esta y muchas otras preguntas resurgían ahora con más fuerza y junto a ellas se formulaba la más importante de todas, si un día, en mi lecho de muerte, me correspondía repasar mi propia vida: ¿me alegraré o arrepentiré por haber o no vivido ese viaje que ahora sentía necesario?

En cuanto esta última pregunta se formuló en mi mente, supe que no podía engañarme por más tiempo, que aun sin haber informado a nadie sobre mis intenciones había llegado el momento de dar el salto. Debía tomar vuelo y saltar, sabía que valía la pena por muchas preocupaciones que intentaran mantenerme en aquel mundo conocido. El vuelo en parapente y su resultado, unido a la seguridad que me daba responder a la pregunta final que aquel libro trajo a mi vida, me hicieron encender la laptop y decidirme por esa fecha que llevaba días rondando mi cabeza.

Pocos minutos más tarde, ya no había vuelta atrás, acababa de saltar. Había abierto una puerta hacia otra dimensión, una puerta en forma de viaje solitario durante tres meses por la India.

Rumbo hacia un destino llamado ilusión

Había dado el paso decisivo hacia una nueva necesidad, y el hecho de recordar que no había vuelta atrás me generaba tal remolino de sentimientos y emociones que sentía perder el equilibrio continuamente.

Aunque había sido bastante precavido postergando el inicio de la aventura unas cuantas semanas, sabía que debía ponerme las pilas pronto, ya que ese yo bloqueado y aturdido en que me había convertido difícilmente podría sobrevivir a las desconocidas aventuras en ese nuevo universo que era la India, un lugar que pronto formaría parte de mi presente.

Jamás había viajado durante tanto tiempo y menos solo, y en este viaje la única compañía sería la de mi mochila y las pocas pertenencias que podía llevar conmigo. Volaría a un país tan extraño y desconocido en el que sus tantas diferencias y contrastes podrían incluso asustarme... Para sentirme preparado estudié lugares, conseguí diferentes libros y guías y pedí cita para obtener la visa que necesitaba. También me inscribí en blogs, pregunté a extraños y conocidos, aprendí a utilizar una cámara réflex y compré una, y elegí y conseguí materiales más propios de un *boy scout* que del tipo de persona que yo había sido hasta entonces. Buscando acercarme mentalmente a mi destino, también llené el cerebro de imágenes, videos, documentales y recuerdos para hacerme una idea y dar forma a la realidad que este nuevo lugar podría traer a mi vida. Mi cuerpo físicamente aún se encontraba en Roma, pero todo mi ser ya había comenzado el viaje y volaba por la India.

En gran medida debido a mi educación y esa idea de asentamiento de cabeza que tanto nos venden, decidí que mis padres serían los últimos en saberlo. No quería echarme para atrás y sabía que, desde hacía meses, mi familia estaba preocupada porque, con aquella pérdida, algo había muerto también dentro de mí.

Cuando lo tuve todo preparado, lo anuncié a mis padres. Mi madre no me puso trabas, pero la idea no pareció gustarle a mi padre en absoluto: para él, dejar el trabajo para viajar solo a la India en tiempos de crisis era una auténtica locura. Y debo decir que en cierto sentido podía tener razón, ya que había cambiado, viajaba hacia una meta en que ese yo que había sido hasta entonces debía cambiar.

> No había elegido la diversión y tampoco un lugar relajante donde descansar y dejar de pensar, y menos aún tenía las cosas listas para mi vuelta. Viajaba para seguir sufriendo, volaba hacia un destino con un único objetivo que debía recuperar, me dirigía hacia un destino llamado ilusión.

En una nueva realidad

Necesitaba recuperar la ilusión por el presente, por el mundo, por todo aquello que aún estaba por llegar, transformar ese miedo que me acompañaba por uno o muchos anhelos y deseos. Me daba cuenta de que desde hacía meses parecía que ya nada me importaba y, además de saber que estaba equivocado, era consciente de que seguir viviendo así no tenía sentido alguno. También entendía que nada cambiaría si seguía haciendo las mismas cosas de siempre.

El 9 de enero de 2013 me encontraba sentado y solo en una de las bancas del aeropuerto de Barajas, a la espera de subirme a un avión que me adentraría de lleno en una nueva realidad. Y aunque casi pierdo el vuelo por un ligero contratiempo, y el miedo casi se había apoderado de mí por completo, unas cuantas horas más tarde aterricé en cuerpo y alma en la caótica Bombay. Asustado por todo, me había informado sobre el destino conociendo y reconociendo que tal vez la mejor opción para comenzar en esta realidad podría ser disfrutar durante un tiempo (que yo iría definiendo según mis necesidades) de las desconocidas y tranquilas islas Andamán.

Para llegar hasta ellas, pocas horas después de aterrizar en la India debía tomar otro vuelo con destino a Port Blair, la capital de este archipiélago.

Rápidamente, este país se convertiría en el universo de las aventuras, y nada más al llegar a él viviría la primera de ellas. Llegaba a Bombay de noche y no sabía mucho sobre todo lo que me esperaba. No sabía que había más de un aeropuerto y menos aún que aquel que me llevaría a las Andamán se ubicaba a varios kilómetros de ese otro en el que acababa de aterrizar.

Tenía unas tres horas libres entre un vuelo y el siguiente, así que decidí acercarme a un taxi para que me llevara a ese otro aeropuerto, comencé también a regatear el precio, una práctica tan común como necesaria en ese país. Sin conseguir bajar el costo hasta lo que tenía previsto, decidí aceptar y tomar mi primer taxi en la India, una situación que pronto se convertiría en la primera de mis «trampas mentales» en esta nueva odisea.

Sin tener idea de ello, en aquel coche no iría solo, sino que me acompañarían otros tres indios, una situación que no esperaba en absoluto. La India es un país peligroso, y yo ya temía lo peor, por lo que no hacía otra cosa que preguntar constantemente el tiempo y la distancia que faltaban para llegar. Estaba siendo tan insistente que pronto mis acompañantes se dieron cuenta de mi desconfianza e intentaron calmar mis nervios...

Por fortuna mi capa comenzó a aparecer, devolviéndome a la vida y sacando de mi cabeza ideas geniales que me ayudaran a afrontar momentos «tan peligrosos» como creía que era aquel... Aunque pronto me daría cuenta de que el miedo había sido totalmente irracional y sin sentido.

De este modo, ante la pregunta que me hicieron *mis taxistas* «¿De dónde eres y qué trabajo realizas en tu país?», ni corto ni perezoso respondí con un: «Soy español y trabajo en las fuerzas especiales del Ejército». Pronto entendí que aquella respuesta no era necesaria, pero ahora ya sabía que, siempre que me encontrara en situaciones como aquella, este podía ser uno de los ases que sacaría de mi manga (o, mejor dicho, de mi capa).

Así, poco a poco y con mucho mucho miedo, las necesidades elementales que requería esta nueva aventura y todas las dificultades, que debería superar para sobrevivir y para evolucionar, fueron haciéndome crecer en una realidad que nada tenía que ver con aquella que mi antiguo yo había conocido. Pondría, de este modo, toda mi atención en un presente tan distinto como increíble, que me diría qué hacer conforme me aventurara más allá en esta nueva realidad. También comprendería y aprendería a comportarme como los nativos en actividades como la de «hacer fila», momentos en los que, aunque pareciera imposible y no hubiera nadie a mi alrededor, justo en el instante en que llegaba el autobús o comenzaba la fila para conseguir un boleto, cientos de personas aparecían de la nada para mandarme a la última posición de una fila en la que instantes antes, yo era el primero.

En ese entorno desconocido, las creencias y los prejuicios no me servían de nada, y tampoco muchas de mis ideas sobre cómo funcionaba o debía funcionar el mundo. Y todas estas necesidades no harían más que devolverme poco a poco al único tiempo que realmente debía ser vivido, uno que hacía meses había repudiado e incluso odiado, el necesario y mágico presente. Aquí también reconocería y disfrutaría de bonitas realidades, como esa que me hacía ver que, en lugares como aquel, algunas reglas solo existen para saltárselas si con ello se puede ayudar a alguna persona.

Más que un país diferente aquel parecía otro mundo, un nuevo universo en el que comenzar a practicar una de mis grandes necesidades; cambiar mi manera de pensar y sentir la vida e intentar empezar de nuevo, utilizar aquello que podía servirme para dejar a un lado todo lo que solo me provocaba dolor…

Me daba cuenta de que aprendía de los mejores, de un pueblo que, en buena medida debido a su creencia en la reencarnación, prefería apoyar, sonreír y ayudar al prójimo, esperando de este modo acercarse a sus dioses en futuras vidas. Muy pronto aparecerían diferentes ejemplos de vida en aquella nueva realidad que me harían descubrir y aceptar cuales habían sido muchos de mis engaños.

No tengas miedo a perder, el fracaso no existe

«No es más rico el que más tiene, sino quien menos necesita».

BUDA

Una de las muchas verdades que me ayudarían a cambiar algunas de mis más fuertes creencias y prejuicios, ayudándome también a volver a la vida, tenía que ver con el modo en que entendía la vida y el fracaso.

Debido en gran parte al modo en que había decidido creer y sentir lo que me había ocurrido, me sentía un auténtico fracasado desde la ruptura, pero rápidamente una experiencia durante mis primeros días en la capital de las islas Andamán cambiaría este sentimiento por completo.

Aquella mañana en Port Blair, caminaba por un mercado lleno de colores y sonrisas, donde se podían descubrir diferentes muestras gastronómicas en forma de platos repletos de moscas que revoloteaban alrededor: vendedores ambulantes de fruta, chai, especias o ropa, y animales como vacas, reses e incluso monos; todo ello siempre inundado de las tan comunes e innumerables combinaciones de colores que hacen mágico este país, llenándolo de rincones en los que el colorido de las personas, las casas o las mercancías, se unen a la perfección para crear un espectáculo tan bonito que, cualquier recuerdo, foto o imagen de ello, parecen transportarte a un lugar donde todo es posible. Y así, lo imposible se hacía posible también en mi realidad, tras descubrir aquella tienda de zapatos que borraría algunas de mis más fuertes creencias.

Es difícil denominar a aquel espacio zapatería si uno la mira con los ojos de occidente, pero aquello era la India, y en ese mercado, una especie de tablón a modo de mesa soportaba a cuatro jóvenes acompañados de polvorientos y desgastados zapatos que daban forma a su mercancía. Ese era su mostrador, no tenían nada más, pero nada diferente parecían necesitar, ya que la sonrisa de cada uno de ellos era tan real y auténtica como pocas cosas en el mundo.

Era obvio que disfrutaban de la vida y de su presente, aquel era su trabajo y cualquiera que pasara por allí podría pensar que se sentían realmente orgullosos. Eran felices ante una realidad en la que cualquier persona de mi ambiente se habría sentido el más absoluto de los fracasados...

En las tierras de las que provenía, las personas se valoraban en gran medida por su profesión, siendo este uno de los factores principales para dar sentido a sus vidas. Si tienes un buen trabajo y un buen estatus económico, parece que conseguiste ese éxito que todos «deberíamos» buscar para ser felices.

El trabajo y, en mayor medida, el dinero, es una de las más importantes varas de medir en occidente. Si lo tienes, ya ganaste en seguridad y reconocimiento, puedes conseguir cosas y (por desgracia muchas veces) también personas; te valoran y valoras a los demás.

Desde niños hemos sido impregnados por esta creencia de tener y ser, hasta que se convierte en una realidad tan potente en nuestras vidas que no solo nos hace ser como somos, sino que en ocasiones nos dice qué podemos sentir. Ante su supuesto fracaso en estos ámbitos de la vida, muchas personas se deprimen. Esta realidad también me había ocurrido a mí, principalmente debido a esa creencia errónea de fracaso y pérdida, me había llevado al estado de inconsciencia y desinterés en que me encontraba.

Por fortuna, aquellas sonrisas me ayudaron a comenzar a ver las cosas con otros ojos y así darme cuenta sin lugar a dudas de mi enorme error... Aquellos gestos me aseguraban que el fracaso solo existe en nuestra mente. Esas sonrisas también indicaban que la felicidad no depende de tener, sino de ser, o, mejor dicho, de saber ser. Era posible ser feliz con muy poco y darme cuenta de ello sería la señal que me mostraba lo que estaba buscando. Debía hacer un gran cambio en muchas de mis creencias y principios, llegaba el momento de aprender a ser feliz.

Aquellos jóvenes indios no tenían nada, pero lo tenían todo, eran y sabían disfrutar del presente y eso les bastaba para sentirse orgullosos y felices del simple hecho de estar vivos. En cambio, yo y muchos otros como yo que teníamos muchas más facilidades, posesiones y sobre todo oportunidades, nos lamentábamos y deprimíamos, nos llegamos a sentir muertos en vida y borramos la sonrisa de nuestras almas en busca de muchos objetivos como el del éxito, que jamás conseguiría hacernos felices y seguramente ni siquiera fuera propio. Pensándolo bien, ¿de qué servía tener si uno no sabía ser?

Yo no era ni tampoco sabía ser, porque ni siquiera entendía aquello que perseguía, pero por fortuna esta nueva dimensión en que me encontraba, donde personas, religiones, metas u objetivos nada tenían que ver con cuanto había conocido desde niño, me ayudarían a saber valorar también el mundo de un modo mucho más sincero y menos superficial.

Comenzaba a darme cuenta de aquello que buscaba, un sentido para la vida, pero no uno cualquiera. Debía conseguir disfrutar de *mi propio sentido*, ese que me hiciera valorar y comprender el valor de la vida para mí, el principal regalo que de este viaje interior quería llevarme conmigo.

KILÓMETRO CERO

«Llegar al destino no es solo un final, es también el inicio de una nueva aventura».

Gio Zararri

Aquel viaje a la India sería el primero de muchos nuevos mundos que acabarían dando respuestas a muchas de las preguntas y necesidades que traía consigo el desamor.

No me daba cuenta, pero aquella búsqueda de ilusión y de sentido en un lugar diferente y repleto de aventuras en el que estaba completamente solo, era el mejor modo de practicar esa vuelta al presente que hacía meses parecía haberse convertido en un imposible.

En esta nueva realidad, desde que abría los ojos hasta que los cerraba e incluso mientras soñaba, mantenerme en el presente era no solo una necesidad, sino también una obligación si quería seguir caminando.

Nuevos propósitos y metas, caminos, fotografías, planes para evitar riesgos innecesarios, aprendizajes y nuevos misterios e incluso ese querer sacar el máximo jugo a esa preciosa y extraordinaria aventura, me hacían descubrir un increíble *carpe diem* como jamás antes lo había conocido.

En aquella realidad no existía diferencia entre un lunes o un domingo, ya que todos los días eran igual de buenos para descubrir lugares, personas o creencias más sanas. Los prejuicios tampoco tenían valor alguno y, durante aquellas experiencias, el futuro no me daba ningún miedo porque poco o nada me interesaba que llegara. El pasado solo me hacía darme cuenta de que, de no haber sufrido aquello que tanto dolor me había causado, jamás habría conocido y disfrutado de realidades como esta, tal vez la experiencia más auténtica y real de toda mi vida. Pronto el viaje a la India llegaría a su fin y, aunque disponía de pocos recursos económicos, la ilusión había vuelto a mí de tal manera que quería mantenerla el mayor tiempo posible a mi lado, de modo que busqué la forma de continuar aquel estilo de vida por un tiempo.

Así, conocí el camino de Santiago, una ruta de casi mil kilómetros que unía el pueblo de Roncesvalles en los Pirineos con la ciudad de Santiago de Compostela, y me decidí a caminar un trayecto de unos ciento cincuenta kilómetros desde Asturias a la capital gallega. Comenzaba así otra nueva odisea, una aventura que ese nuevo modo de vivir en busca de ilusiones convertía ahora en realidad, algo que seguramente nunca hubiera pensado conseguir de no haber sufrido tanto.

Realizar el camino suponía andar un aproximado de treinta kilómetros diarios, desde el amanecer hasta el atardecer o incluso hasta el alba. Una experiencia que a aquella persona que había sido antes seguramente no le hubiera interesado, pero que a esta nueva lo llenaba de alegría gracias a esa sensación de libertad y las muchas experiencias y aprendizajes que traía consigo la soledad y llevar la casa en una mochila a la espalda. Mi ilusión era tan grande y necesaria que nada importaba lo que pudiera ocurrir después.

Como había imaginado, disfruté inmensamente del camino y de mi mejor compañero de viaje: yo mismo. Tanto en la India como aquí, me daba más cuenta de la gran necesidad que era aprender y saber tratarse bien a uno mismo, la única persona que siempre estará a tu lado.

En mi breve incursión en el mundo de la meditación había descubierto el poder de los pensamientos y cómo pensar positivo podía mejorar tu mundo en gran medida, y que hacer lo contrario traería lo opuesto. Había intentado ponerlo en práctica en muchas ocasiones, pero me daba cuenta de que ese barullo interno en que vivía era muy difícil de controlar o pausar si las condiciones seguían siendo las mismas. En esa soledad, ante la necesidad y el tener que comunicarme constantemente conmigo mismo, me tocó ponerlo en práctica a la fuerza y del mejor modo posible.

> Si me equivocaba de camino o cometía un error, no podría gritar ni echarle la culpa a nadie. Yo era mi único compañero y el único responsable de mi realidad, por lo que tratarme bien se convertiría así en una de mis más importantes necesidades. Una práctica totalmente indispensable que, cuanto mejor hiciera, más cosas buenas traería a mi vida.

Si sumamos el progreso en mi comunicación interna al impulso de tantas y tan novedosas aventuras que me conectaban al presente, es fácil comprender que poco a poco volvía a colocar el centro en mí mismo. Me daba cuenta de algunos de mis grandes errores y comenzaba a sentirme más vivo que nunca.

El camino me devolvía a la vida, un sendero que en aquellos momentos me dirigía a una meta llamada Santiago de Compostela, un lugar en el que pronto descubriría la más importante de todas las nuevas lecciones.

Tras más de siete días de caminata, con las piernas totalmente adoloridas y agotadas, pero con gran alegría en mi corazón, pocos kilómetros me separaban de mi meta. El contacto del suelo a cada nueva pisada me hacía comprender que, como en la vida misma, mucho de aquel dolor que desde hacía tiempo había decidido arrastrar conmigo lo había creado yo mismo por no haber cuidado los que habían sido mis pasos, pero ya pronto llegaría el momento de poder descansar.

Llegaba a la plaza del Obradoiro, el punto de reunión frente a la Catedral de Santiago en el que cientos de peregrinos como yo, creyentes o no, daban las gracias a Dios o a la vida por aquella reciente experiencia que parecía terminar. El momento lo valía totalmente, ya que, durante aquellos meses de duelo, no solo había llorado amargamente y renegado de la felicidad y de la vida, sino también luchado por recuperarlas del mejor modo que entendía y por recuperar todos los caminos, aquellos que me habían hecho buscar en mi zona de confort primero para después probar afuera. Llegar a nuevos mundos como la India y ahora Santiago me ayudaba a comprender que no solo había recuperado mi vida, sino que la estaba disfrutando y viviendo de un modo más inteligente y maravilloso de lo que había hecho nunca.

El dolor del desamor aún era latente, y las ampollas en mis lastimados pies o el enorme peso soportado en mis espaldas eran un buen ejemplo de ello. Había llegado el momento de descansar, de poner fin al duelo y aceptar la realidad. Me descalcé y apoyé todo cuanto arrastraba en el suelo. Había llegado a mi meta y me acosté, observando la preciosa catedral, saboreando la nueva aventura que debía dejar atrás... sentía como si el dolor hubiera terminado.

La sensación era extraña, ya que parecía haber disfrutado más de cada uno de los pasos durante el camino que ahora que saboreaba el final; había llegado, pero esa intencionada y buscada nueva realidad me hacía volver a pensar en el terrible futuro.

Al voltear a un lado, en el mismo lugar de la plaza en el que me encontraba, observé una especie de inscripción tallada en la piedra, unas letras que, casi en el mismo momento en que las descubrí, parecieron indicarme todo cuanto necesitaba y había estado buscando, una leyenda que indicaba el lugar al que había llegado, el *kilómetro cero*. El cero, la nada, el vacío, el inicio de todo. Allí estaba yo y hasta allí había llegado tras miles de kilómetros a mis espaldas, ¿qué podía significar aquel mensaje?

Rápidamente en mi mente se hizo la luz. Aquella inscripción, aquella señal de vida, hacía referencia a una verdad que me hacía entender que, te encuentres donde te encuentres, te sientas como te sientas, siempre es el mejor momento para volver a empezar.

Nunca habrás llegado a la meta porque siempre deberás seguir caminando; infinitas posibilidades se abrirán nuevamente ante ti por lo que el destino no tiene importancia, lo importante es el camino. Y de este modo ese sentirse en el kilómetro cero justo cuando crees haber terminado con todo, se convirtió en la más importante de mis lecciones.

Una verdad que me decía que jamás debemos perder la ilusión por la vida, y que para recuperarla solo hacen falta nuevos objetivos o necesidades, nuevos caminos o realidades para vivir. El verdadero amor estaba en ello, un ejercicio constante en busca de un objetivo, conectar con la magia de estar vivos, una lección con que la vida parece recordarnos que la felicidad nunca puede estar en un lugar, una persona o una cosa, sino más bien, en la manera en que decidamos disfrutar de cada una de nuestras nuevas aventuras...

Este mensaje me aclaraba ahora el presente, y también el temido futuro. Solo una cosa era ahora cierta: saber que a aquel camino le seguirían muchos otros.

De esta manera, con nuevos objetivos e ilusiones en mente, tomé la decisión de volver a Roma durante unos meses para ahorrar y aprovechar para disfrutar de mis maravillosos amigos. Más tarde la dejaría para ir en busca de un nuevo sueño que se transformaría en una nueva experiencia de vida que duró seis meses en México. Tras ello seguí moviéndome hasta llegar, para quedarme, a la más preciosa isla española, Mallorca. Allí seguiría disfrutando y creando nuevos sueños desde un lugar ahora cercano a todos mis seres queridos.

Esto haría de mi realidad una mucho más viva de lo que había sido antes, haciéndome entender, entre muchas otras cosas, que aquella pérdida, aquel desamor, había sido lo mejor que pudo ocurrirme, ya que gracias a tan intenso duelo había conseguido conocerme mejor que nunca y disfrutar de una vida que, seguramente de haber seguido en aquel pasado, solo habría podido soñar.

Años más tarde llegaría también un nuevo amor en forma de pareja, esta vez mucho más sano y mágico de lo que consideraba posible. Llevaba el nombre de Victoria. Una Victoria a la vida con la que viajaría alrededor del mundo, dando rienda suelta a muchos de esos sueños, suyos y míos, que creaban el camino que ambos soñábamos hacer realidad y aún hoy seguimos creando...

Aquel *kilómetro cero* supuso el final de mi duelo junto al desamor. Todavía tardaría meses en darme cuenta, pero aquella inscripción me había mostrado cuál era la respuesta a la última de mis preguntas, una duda que me revelaba ahora cuál era el único amor que debía tener en cuenta, el único que realmente valía la pena, uno mucho más grande, bonito y mágico que una única persona.

Aquel kilómetro cero traería a mi vida nuevas vivencias y caminos. En uno de ellos daría forma a este libro, haciéndome reconocer que de haber comprendido y puesto en orden muchos de aquellos pasos que trajo consigo el duelo, lo habría podido superar antes y de un modo más sano y sencillo.

Ya conociste el que fue mi camino, pero lo más importante es que ahora descubras y reconozcas cuál será el tuyo.

Seguro que tu viaje tendrá cosas en común con el mío, y seguro que nada cambiará si te obstinas por hacer siempre las mismas cosas. Tú también podrás encontrar ayuda en tu mundo conocido, pero si quieres superar el dolor, deberás buscarla afuera, y más importante aún, encontrarla en tu interior. Te animo a plantear nuevas realidades en forma de viajes, pasiones, aficiones o intenciones, ya que te ayudarán a construir un nuevo yo que se adapte a quién eres realmente. Probar y seguir probando te ayudará a reconocer tus verdaderos gustos, a conectar con la vida y el presente, y poder dejar finalmente a un lado los motivos o las intenciones de otras personas o relaciones pasadas.

De esto trata este viaje, uno que ya estás realizando y en el que espero poder ayudarte no solo a disfrutar, sino a que realmente te conviertas en esa persona que siempre quisiste ser, a centrarte en tu propio yo y sacar el mayor jugo a tu presente.

Muchos pueden ser los actos que te ayuden a superar el dolor, pero únicamente comprenderlo para extraer lo bueno y desterrar lo malo te ayudará a hacerlo sin engaños ni tener que mantener heridas abiertas.

Y para ello, al igual que me sucedió a mí, deberás realizar tu propio viaje, uno en el que no será necesario volar a la India o al Polo Norte, ni descubrir la meditación o la iluminación, sino simplemente volver al presente, acercarte a ti mismo y descubrir tus sueños e intereses, cambiar algunas de tus creencias por otras más sanas para volver a conectar con la vida y nunca más volver a dejarte de lado.

Como decía, *Yo después de ti* es un libro de acción y, tras haber conocido mi experiencia y esperando que puedas haberte sentido reconocido en alguno de mis pasos, llegó el momento de mostrar algunas de esas lecciones que aquella experiencia convirtió en acción. Sonríe, porque...

¡Llegó el momento de actuar!

CAPÍTULO 3

REMEDIOS PARA EL DESAMOR

Todos los caminos, aun siendo muy distintos los unos de los otros, mostraban la misma cosa, una única verdad: que el amor es algo mucho más grande que una sola persona.

Para comprenderlo tuve que sufrir un amargo y complicado duelo, y aquel periodo de dolor fruto de la crisis personal más complicada que había conocido llevó a una metamorfosis en la que una parte de mí iba quedando atrás para dar paso a otro nuevo yo que pudiera comprender los motivos de tanto sufrimiento.

Todos estos senderos me hicieron observar que la vida era mucho más de lo que había creído y lo importante que era comprender sus lecciones. Ideas y verdades que, de haberlas conocido, me habrían hecho ganar tiempo y alegría. Pero, como muchas veces había escuchado, nunca es tarde si la dicha es buena, y por fin la buena dicha llegó a mi vida... Descubriendo el verdadero amor comprendí que aquello que había vivido con mi expareja difería mucho de ser tan mágico y maravilloso como la venda que me ocultaba la realidad me había hecho creer.

La química de mi propia biología y mis erróneas creencias sobre el amor y la pareja habían hecho de las suyas, y dejar drásticamente aquella droga que mantenía la fantasía del amor me había provocado un dolor tan constante y desgarrador que me alejó de toda ilusión. Aunque me costaba entenderlo, mi organismo seguía necesitando de aquellas dosis hormonales, pero la persona que las parecía generar había decidido desaparecer de mi vida.

> Al descubrir nuevos caminos, conocería mis necesidades y gustos sinceros, comenzaría a conocerme mucho mejor que nunca y devolvería por fin el centro de todos mis pasos e intenciones hacia la persona más importante de mi vida: yo mismo.

Esta lucha interna por reconectar con mi esencia y con la vida me sumergiría, primero por necesidad y después por intención, en el único tiempo en el que sentirse vivo y hacer uso de nuestros sentidos era posible: el presente.

Aquel vivir tan intensamente me hacía descubrir no solo el presente, sino también un nuevo y esperanzador futuro, dejándome bien claro que aquellos eran tiempos mucho mejores que aquel recuerdo pasado en que me había obstinado por vivir. Empezaba a cambiar la página para descubrir más magia en el mundo de la que imaginaba, reconociendo que podría llenar con ella muchas de esas páginas en blanco que en el libro de mi vida tenía por escribir.

Y así me encuentro ahora, escribiendo una de ellas, para recordarme y también ayudar a otros a reconocer, tratar y convivir con el duelo del desamor y la ruptura, uno de los dolores más complicados que existen, una lucha que requiere de diferentes medios y remedios que en esta última sección voy a resumir para que pronto sean también tuyos.

Te corresponderá ahora recuperar la ilusión, para después recuperarte a ti mismo y así, más sabio y consciente, conseguir reconectar con el único tiempo en que podrás saborear la vida, ese presente que te hará sentir vivo, ese tiempo en el que podrás descubrir lo que de verdad se esconde, tras el amor verdadero...

En los siguientes capítulos conocerás los mejores remedios para el dolor del desamor y la ruptura. Al final de cada uno de ellos encontrarás una sección titulada «Elige tus propios remedios», donde podrás descubrir los mejores procedimientos para ir poniéndolos en práctica.

Te aconsejo utilizar un cuaderno o diario para demostrarte y recordarte que volver a sonreír depende solo de ti.

DEVUELVE ILUSIÓN A TU VIDA

La responsabilidad es tuya

«Todo lo que puedas imaginar es también real».

PABLO PICASSO

No soy un gran amigo de todos los libros de autoayuda, ya que pienso que muchos usan métodos complicados o bien hacen que suene demasiado fácil aquello que de sencillo tiene muy poco, pero debo decir que también entre ellos existen auténticas obras de arte. Si tuviera que elegir uno, escogería *Tus zonas erróneas,* de Wayne Dyer.

Si un día necesitas realizar cambios drásticos en tu vida, este libro puede ayudarte en gran medida, pero el momento de hacerlo no es ahora. Ahora tienes que centrarte en eliminar todo ese malestar generado por el desamor y, como seguramente sabes, hacer varias cosas a la vez no suele traer buenos resultados.

El libro trata de hacernos entender que gran parte de aquello que no funciona en tu vida no lo hace porque simplemente, *no eres en realidad responsable*. Las *zonas erróneas de tu vida* se deben a esa cantidad absurda de excusas que te creas para no atacar tus problemas. Muchas veces preferimos considerarnos víctimas que atacar el problema reconociendo que somos los responsables de nuestra felicidad o su opuesto.

> Esta es la base de este capítulo: tú eres el encargado de tu vida, y cualquier cosa que decidas sentir y hacer con ella depende solo de ti, cualquier necesidad depende también única y exclusivamente de ti y, recuperar la ilusión por la vida debe ser ahora tu mayor prioridad.

Quizá hayas pensado que el desamor es más fuerte que tú o que no puedes controlar aquello que te hace sentir. Pero otros muchos ejemplos evidentes pueden certificarte que no es así, por lo que es seguro que, en cuanto comiences a realizar pequeñas acciones en tu vida, todo cambiará.

La primera y más importante de todas las acciones radica en que seas realmente consciente de que tú eres el único responsable; de ti depende superar este duelo y descubrir todo lo que ello esconde. Ignorarlo o dejarlo para más tarde no sirve de nada.

Superar el desamor es tan simple como quieras apreciarlo y no depende de la alineación planetaria, de brujería o de algún tipo de justicia universal. Es importante empezar a ver el mundo con nuevos ojos y, dentro de esta nueva perspectiva, comenzar a apreciar en ti a esa persona con recursos que siempre fuiste, alguien responsable de su realidad, alguien que está totalmente decidido a poner de su parte para mejorar su calidad de vida. Esta debe ser tu tarea más importante. Es fácil comprenderlo y recordarlo, ya que, de no ser así, no estarías leyendo este libro.

El negativismo y echar la culpa al mundo o a los demás hacía que me fuera dejando de lado. Y es que es más fácil echar la culpa a tu mala suerte que responsabilizarte de la realidad en que te encuentras y luchar por cambiarla. Pero tienes dos opciones: seguir sintiéndote una víctima y que nada cambie o cambiar tu vida modificando lo que necesitas en tu interior y en tu forma de actuar ante la vida. Tú eliges, pero nada va a cambiar si tú no cambias.

El desamor quiere que aprendamos a aceptar que somos los protagonistas directos de nuestras vidas. Ese nuevo presente nos pide un cambio de camino, de hábitos, de compañías y de pensamientos, ya que ese antiguo ser que éramos ya no nos sirve. La opción correcta para conseguir dirigir nuestro barco hacia buen puerto es elegir reconocernos luchadores y recordar siempre que no es importante cuántas veces caigamos, sino cuántas de estas veces nos levantemos.

Si empiezas por reconocer en ti a un luchador sea cual sea tu ideología, esta fuerza no solo te hará superar el problema, sino que te llevará aún más lejos. Te ayudará a utilizar, conocer y reconocer capacidades en ti que impedirán que tires la toalla ante cualquier problema que llegue a tu vida, y trabajes hasta resolverlo y aprender de ello.

Comienza a responsabilizarte ahora de tu vida y adopta esta nueva forma de pensar, recuérdalo cada nuevo día y observa cómo, poco a poco, te estarás haciendo más fuerte. Reconocerlo no solo te hará combatir mejor las dificultades, sino también sentir y descubrir en ti una mejor persona.

Eres mucho más fuerte de lo que creíste, y ahora llegó el momento de demostrártelo. Tanto en la experiencia como en esta etapa, las reglas son vivir y descubrir la verdad de aquello que la vida intenta demostrarte, una lección que te enseñará que tu presente mejorará en cuanto decidas encargarte de él.

Elige tus propios remedios

- Recuerda y apunta en un cuaderno muchas de esas cosas buenas en forma de personas, objetivos o experiencias que han llegado a tu vida gracias a tu esfuerzo.
- Acepta y comprende que solo hay un modo de cambiar tu presente: *hacerte responsable y comprender que hay cosas que puedes mejorar*. Desde ahora, siempre que te lamentes, eches la culpa a la suerte o seas negativo, haz una pausa para darte cuenta de ello y recuerda que debes cambiar esta mentalidad.
- Aléjate de las excusas y de todo aquello que mantenga en ti el negativismo, la apatía o los lamentos. Intenta darte cuenta de cuándo sucede y cámbialo.
- Elige una actividad que mantenga en ti la intención y te ayude a sentir la vida de un modo más positivo. Hacer deporte, viajar, escapar cada semana a ese rincón especial, regalarte libros en los cuales descubrirás nuevas realidades o apuntarte a ejercitar alguna de tus pasiones son acciones que pueden ayudarte. *Elige la acción que mejor se adapte a ti, una que te ayude a asegurarte de que eres tú el responsable de tu realidad.*

Da de comer a tu química

Aunque cueste aceptarlo y comprenderlo, el sufrimiento surge de aquello que nuestro cerebro nos cuenta sobre lo que sucedió. No es el hecho en sí el que provoca dolor, sino nuestra particular manera de percibirlo.

Con todo ello, es fácil comprender que los procesos del amor fisiológicamente se alojan en el mismo lugar que el de las adicciones. Aunque pueda sonar cruel y poco romántico, buena parte del dolor producido por el desamor se debe a ese síndrome de abstinencia que ahora hay que sufrir. Del mismo modo que un adicto necesita su dosis, nosotros ahora necesitamos la nuestra, extrañamos el amor... Enamorados como tortolitos, alimentamos sin descanso a nuestras «hormonas del amor» asociadas al sentimiento de bienestar y es por eso que esta pérdida provoca un desequilibrio tan grande, que no solo puede ocasionar tristeza, sino también pérdida de libido, dolor físico, e incluso que nos hundimos por completo en una profunda depresión.

Los abrazos y caricias, el sexo, las —en ocasiones— bonitas palabras, los sueños y las ilusiones, o incluso esas miradas de complicidad de esa que habíamos considerado nuestra «media naranja», hacen que mientras dura el amor se produzcan en gran número las hormonas que nos hacen disfrutar del más maravilloso de los cuentos. Pero cuando falta esa persona, falta el origen de esos fuegos artificiales que sentíamos en nuestro interior, y todo empieza a cambiar.

El desamor duele y lo hace incluso físicamente, por lo que es muy importante comprenderlo para convivir en el proceso de duelo lo mejor posible, aceptando que buena parte del sufrimiento se debe a esto.

Nuestro principal objetivo debe convertirse ahora en recuperar esa ilusión que parece que el amor se llevó consigo, y no hay mejor manera para empezar que producir naturalmente muchas de las hormonas de la felicidad.

Una de estas sustancias es la *serotonina,* una hormona que se produce en el cerebro y cuya función afecta directamente a nuestro estado de ánimo. Ante el desamor, sus niveles bajan al mínimo por lo que es común sentir tristeza y ansiedad, lo que llega incluso a provocar depresión.

Por todo ello es ahora el mejor momento de aprender a producirla naturalmente y convertir esta necesidad en un deseo que nos obliguemos a practicar diariamente.

Estos son algunos de los métodos para producirla naturalmente:

→ *Exponerse a la luz solar,* ya que ayuda a aumentar la creación de vitamina D, cuyo bajo nivel se asocia a la depresión.

→ *Consumir alimentos ricos en triptófano,* un aminoácido que crea esta sustancia. Se puede encontrar en la leche, el chocolate (cuanto más oscuro mejor), las frutas y algunos vegetales, como la zanahoria, y también frutos secos, como las almendras o las nueces.

→ *Hacer ejercicio,* el mejor antidepresivo natural y una de las acciones que generan cualquiera de las hormonas y estados que ahora necesitamos. Es el mejor pasatiempo que puedes tener a partir de ahora.

→ *Luchar por sonreír, puede* parecer complicado, pero en cualquier realidad se pueden encontrar infinitos modos para conseguirlo. Una buena opción puede ser disfrutar de buenos libros, historias o películas de humor, o salir más con esos amigos que, en vez de lamentarse sobre la vida, prefieren reír con ella a carcajadas.

Otra de las hormonas más conocidas en el mundo del amor es la *oxitocina,* una sustancia que se libera cuando se experimenta placer, deseo sexual o cuando las mujeres dan a luz, por eso se le conoce como la «hormona de los vínculos emocionales» o la «hormona del abrazo».

La oxitocina también ayuda a combatir el dolor, tanto físico como mental. Es por ello que alimentarnos de abrazos hará que superemos, de una manera mucho más sana y feliz, cualquier complicación o conflicto emocional.

Hay diferentes modos de producirla naturalmente. Algunos de ellos son:

- *Abrazar a un ser querido,* a una mascota o alguien que te inspire cariño y amor. Yo mismo me di cuenta de cómo el abrazo de mi querida hermana pudo devolverme y hacerme sentir mucho de ese amor que tanto necesitaba.
- *Desahogarse,* dejando fluir nuestras emociones. Para ello no hay mejor compañía y apoyo del que pueden dar los familiares o amigos de confianza, nuestros mejores compañeros en este periodo de duelo que estamos afrontando.
- Y como no podía ser de otra manera, *el ejercicio* también produce *oxitocina*. Una práctica que, si empiezas a llevar a cabo ahora mismo, te hará superar la tormenta mucho antes de lo que imaginas.

En los comienzos de aquel que sería mi duelo, descubrí también que, entre estos químicos del amor, había uno que nos hacía considerar a esa persona amada un ser único e irrepetible. Esta sustancia es la *dopamina,* una hormona que se dispara cuando se consigue dar un paso importante o cumplir un objetivo vital.

Llega el momento de desterrar ese falso mito, por lo que no hay mejor manera que seguir produciendo esta sustancia de un modo natural, pero enfocándonos en esta ocasión en la única persona que realmente cuenta: nosotros mismos. Al modificar el objetivo puede cambiar también la sensación:

- *Fijarse metas a corto plazo*. Con esta intención surgirán nuevos saltos, misiones, regresos a casa, cambios de perspectiva e increíbles viajes que te mantendrán siempre en movimiento y en busca de nuevos objetivos. Puedes encontrar muchas de estas metas a corto plazo en cualquiera de los remedios que estamos tratando.
- *Involucrarse en situaciones placenteras. Elegir* experiencias, personas y cosas que realmente aporten pasión a nuestras vidas, alejarse del estrés o del ruido, centrarse y dejar a un lado también a esas personas que solo traen negatividad a nuestras vidas, es el mejor camino para disfrutar y sentirse mejor.
- *Utilizar alimentos como el café* (en dosis no muy elevadas), *el té verde o las proteínas* que ayudan a generar en mayor medida esta sustancia.
- Y, como siempre, ayudarse del *deporte* en cualquiera de sus formas, una práctica que siempre traerá más cosas buenas a tu vida.

La última de las hormonas de este compuesto que nos trae el amor, y tanto dolor puede provocarnos si nos falta, era liberar las conocidas como *endorfinas*, componentes que genera el organismo y funcionan como neurotransmisores que disminuyen el dolor y aumentan el bienestar. Una droga pura creada por nuestro cuerpo que en momentos como este se convierte en un indispensable para volver a sentir. Utiliza algunos de los siguientes modos para obtener más de ella:

- → *Ejercitarse y sonreír más,* las dos actividades más comunes para conseguir la felicidad. Ahora que lo sabes, recuérdalo, y no dejes para mañana lo que puedas empezar a hacer hoy.
- → *Comer más alimentos picantes* también ayuda a liberar endorfinas.
- → Y para terminar, *elegir buena música* (pronto profundizaremos en ello), para cantar y bailar con ella mientras nos damos cuenta de que volvemos a sonreír a la vida.

Estos conocimientos llegaban a mi presente y veía que muchas de las acciones que llevaba a cabo conseguían directamente alimentar y aliviar estas necesidades químicas. Comenzaba a reconocer que, de haber conocido las hormonas del amor durante las primeras fases del duelo y haber puesto en práctica alguna de estas acciones, buscando mantener ese equilibrio biológico que la ruptura había destruido, seguramente el dolor no hubiera sido tan grande, y la convivencia con él, un camino bastante menos doloroso y complicado...

Elige tus propios remedios

- Debes entender que el ejercicio es una de las prácticas que mayor bienestar pueden traer a tu vida, así que empieza a practicarlo hoy mismo.
- Empieza a comer de manera más saludable y a observar cómo directamente te sientes mejor.
- Aléjate del estrés y del ruido, al menos hasta que vuelvas a sentirte en equilibrio.
- Acércate más a las personas que te ayuden a sentirte bien.
- Anota algunas de tus más importantes pasiones y realiza al menos una de ellas esta semana. Recuerda que, si no lo haces, las excusas te las estás poniendo tú.
- Fíjate metas a corto plazo. Si te cuesta, empieza por cosas pequeñas, anótalas y empieza con una de ellas.
- Abraza a un ser querido y siente cómo con ello fluye el amor.
- Libérate, grita o comparte aquello que sientes, deja salir tus emociones.
- Escucha y elige música llena de vida, acción y energía. Recuerda que luchas, te estás haciendo justicia, eres responsable y trabajas por cambiar tu realidad.

¡Piensa diferente, cambia tu mente!

Otra gran lección que aquel complicado y triste duelo trajo a mi vida fue descubrir la gran importancia que tiene mejorar nuestra manera de pensar.

> El modo en que enfocamos nuestros juicios y la manera en que gestionamos nuestras experiencias tienen un efecto directo en nuestra realidad. Tanto si decides creer en algo como si no, aunque todo a tu alrededor te esté indicando lo contrario, esperarás cualquier señal de la vida para confirmar esa creencia, y sea como sea, te asegurarás de que tenías razón.

Ante el sufrimiento, debemos darnos cuenta de que no hay mejor momento que el ahora para empezar a imaginar y creer en un mejor presente, hasta conseguir convertirlo en realidad. Llegó, pues, el momento de intentar mejorar nuestros pensamientos.

En mis primeros periodos junto al desamor, recuerdo que muchos de mis seres queridos se lamentaban de mi ceguera, ya que en el mundo existían penas mucho peores que las mías, y muchas personas en esas difíciles situaciones parecían saber ser felices... Cambiar mi manera de pensar era imperativo, y esta obligación me haría conocer no solo a la persona más feliz del planeta, sino también la práctica de la meditación. Así, me adentré en ella hasta descubrir que no solo somos capaces de observar aquello en lo que decidimos enfocarnos, sino también de cambiar todas aquellas ideas o creencias que se han clavado en nosotros haciendo de nuestra vida un auténtico infierno.

En esta lucha contra el dolor, no existe mejor aliado que los buenos pensamientos. Encuentra el modo de eliminar de tu mente los pensamientos negativos, combátelos e intenta sacarlos de allí. Un buen truco puede ser reconocerlos cuando llegan, decirte y gritar en tu interior un intenso: «¡Basta ya!» e intentar dejar de pensar de este modo para atacar y cambiar estos pensamientos rápidamente.

Cambiar la manera de pensar no es tarea fácil, pero si reconoces esta necesidad y comienzas a trabajar en ello, comenzarás a aceptar que tu felicidad depende casi exclusivamente del modo en que gestionas tu mente, y observarás que muchas veces te sientes mal porque, tal vez sin darte cuenta, así lo decidiste hacer en tu cabeza.

Una buena manera de practicar este cambio está en la meditación, y tal vez, como me ocurrió a mí, pueda bastarte con acercarte levemente a su práctica y conocimientos. El objetivo de la meditación no es «no pensar», sino observar nuestros pensamientos sin darles valor alguno, para evitar de esta manera el infinito ciclo de la lógica o el razonamiento. Así, buscando comprender cómo pensamos y por qué lo hacemos de esa manera, aprenderemos no solo a hacerlo mejor y de un modo mucho más sano, sino también a tratarnos mejor a nosotros mismos.

Meditando pude darme cuenta de cómo muchas veces los malos pensamientos o palabras me convertían en mi principal enemigo. Al comprender cuándo, por qué y cómo llegaban estas ideas, aprendía a calmarlas y a convertirlas en su opuesto, modificando así mi manera de pensar.

Es nuestro deber no solo entender, sino también aceptar que sentimos aquello que pensamos y que la felicidad es un sentimiento. Así pues, los pensamientos tienen mucho más poder en nuestra vida del que podemos imaginar.

Elige tus propios remedios

- Investiga, lee, busca videos o realidades que te hagan comprender qué significa la meditación.
- Intenta meditar (no hace falta acercarse a un centro budista o viajar al Himalaya, puedes aprender a hacerlo desde tu cama o tu sillón).
- Intenta hacer algo que creas que tiene que ver contigo, pero jamás te has atrevido a realizar, ya sea por prejuicios, educación o falsas creencias. Anótalo aquí e intenta poco a poco convertirlo en realidad.
- *Locura es hacer siempre lo mismo esperando obtener resultados diferentes,* y ahora que sabes que tu realidad debe cambiar, empieza por hacer cosas diferentes sin miedo. Saboréalo y acepta que lo haces por ti. Te estás conociendo realmente y lo haces mejor que nunca.

El deporte, tu mejor antidepresivo

Aunque en ocasiones pueda resultarnos difícil y la apatía intente ganar la batalla cada nuevo día, el ejercicio físico debe convertirse en uno de nuestros principales objetivos, ya que, como vimos, nos hará sentir más vivos y felices.

Si la depresión, la ansiedad, la tristeza y la melancolía pueden ser algunos de nuestros peores enemigos, el deporte es nuestro mejor aliado, y es importante elegir uno que sea de nuestro agrado e intentar practicarlo, si es posible, diariamente.

En nuestra convivencia con el desamor el objetivo es muy claro: dejar de sufrir para volver a sentirnos vivos, atravesar la tormenta hasta conseguir cambiar la página, y así apreciar nuevamente la vida y lo que trae consigo.

Correr, caminar o realizar cualquier tipo de actividad física es seguramente uno de los mejores medios y remedios para disfrutar de una vida más plena.

El ejercicio optimiza nuestra energía, regula nuestro cuerpo, limpia nuestra mente y tal vez su característica más importante es el mejor antidepresivo que la naturaleza creó para el ser humano. En mi realidad, el desamor me hizo avanzar y, a partir de aquel duelo, correr varias veces a la semana se convirtió en uno de los hábitos que traían más y mejores cosas a mi realidad.

Para animarte y que no esperes más, te contaré alguno de los beneficios que puede aportar a tu vida indicándote los que trajo a la mía.

- Un efecto directo en tu estado de ánimo: inmediatamente te sentirás mejor al observar cómo tu tristeza y ansiedad disminuyen.
- El ejercicio ayuda a controlar tu mente y a ordenar tus pensamientos. Si tienes un problema o buscas ver la luz, como

es nuestro caso, correr o realizar otro tipo de actividad física te ayudará a encontrar la mejor solución. El deporte aclara las ideas.

- Te gustarás más y te sentirás mejor contigo mismo, una clara prioridad en estos momentos.
- Tendrás más energía y, sea cual sea tu edad y condición, te encontrarás en posición de realizar muchas tareas que antes considerabas complicadas o imposibles.
- Dormirás mejor y te limpiarás por dentro y por afuera: tu circulación mejorará, también lo hará tu piel, e incluso tus sueños (en el caso de que puedas tener alguna dificultad para dormir) serán tranquilos como cuando eras niño.
- Bajarás de peso, y te acercarás a tu peso ideal en caso de que puedas necesitarlo.
- Aprenderás a ser más aplicado en la vida, ya que aumentará tu voluntad.
- Devolverás a tu organismo mucha de esa química que necesita, ayudando con ello no solo a tu cuerpo, sino también a tu mente, a recuperar de nuevo la importante sonrisa...

Estos son solo algunos de los beneficios que te aportará el hacer ejercicio, así que no lo pienses más. Si necesitas comprarte unos tenis, haz de esta tu mayor prioridad, sabes que para superar el desamor necesitas cambios y, cuanto antes los realices, antes desaparecerá el dolor.

Tal vez siempre has llevado un tipo de vida sedentaria o puede que las dificultades y la incomprensión que has sentido te hayan adormecido. Pero, como ya mencioné antes, en este libro intento ayudarte a que te des cuenta de que tú eres el único responsable de lo que ahora sientes, el único responsable de lo que sentirás también mañana. Así que, si la apatía sigue dentro de ti, no hay problema: puedes correr con ella. Ponte una meta inicial de, por ejemplo, treinta minutos tres días por semana, sea cual sea la actividad y, ya sea a un kilómetro por hora como a cien. Supera tu objetivo y observa cómo te sientes después. Seguro que tu desinterés habrá disminuido, te sentirás más feliz y con más fuerzas, tus síntomas perderán vitalidad y tu cabeza comenzará a creer cada vez más en tus nuevas posibilidades.

Ante el ejercicio, ante ese nuevo yo que nace en ti y lucha por hacerte justicia, tu cerebro se estará dando cuenta de que comprendiste el mensaje y trabajas en ello. Tu metamorfosis habrá comenzado y pronto recogerás los frutos, pronto sentirás los resultados.

Elige tus propios remedios

- Empieza hoy mismo, elige un deporte que creas que puede adaptarse a ti y no esperes más, intenta realizarlo un mínimo de tres veces a la semana.
- Si te falta lo primordial, haz de este tu principal objetivo. Compra de una vez los tenis y la ropa deportiva o apúntate ¡YA!, al gimnasio, no te permitas más excusas. Tu vida cambiará en cuanto tú empieces a hacerlo.
- Si una de tus excusas es que no estás en condiciones o no existe un deporte ideal para ti, no te engañes. Investiga y realiza cualquier tipo de ejercicio, hay tantos igual que personas, así que elige el tuyo.
- Siéntete feliz y reconoce tu esfuerzo en cada uno de tus pasos. Estás cambiando y pronto convertirás tu presente en uno que jamás imaginaste. Aprovecha cada paso para felicitarte por ello, *tú lo estás haciendo posible.*

No es el mejor momento para los excesos

Las conductas excesivas como comer mal y compulsivamente, o tomar alcohol u otras sustancias, tienen un efecto directo en nuestro organismo y estado de ánimo. Si estamos sufriendo, entre otras cosas, un potente y doloroso desequilibrio interno, no es el mejor momento para realizar este tipo de peligrosos experimentos en nuestro cuerpo. Somos química y, del mismo modo que ciertas sustancias pueden crear más de todo aquello que ahora necesitamos, existen otras cuyos resultados conseguirán lo contrario.

Al cerebro lo rige la química y, como ya vimos, la felicidad depende directamente de ella. Seguramente habrás visto en películas o experimentado en laboratorios de la escuela cómo, si mezclas ciertos elementos, se crean reacciones, y como algunas de ellas pueden provocar verdaderos desastres. Así, deberíamos entender fácilmente que nuestro cuerpo no es el mejor lugar en el cual realizar cierto tipo de pruebas con sustancias, cuyas consecuencias muchas veces desconocemos. Jugar con conductas abusivas puede ser parecido a entretenerse activando una bomba de tiempo, pero el problema es que esta vez el explosivo lo llevamos dentro.

> La felicidad se puede entender como un estado fruto de un pensamiento que, convertido en sentimiento, se transforma en sensación.

Superar un reto, ganar un premio u observar a un ser querido, no importa cuál sea la acción, hace que, al reconocerlo, nos invada una bonita sensación llamada felicidad; aunque no veamos la química por ningún lado, siempre está allí.

Si nuestro cerebro es capaz de segregar cantidades altas de las hormonas de la felicidad, nuestra alegría irá en aumento, pero si, por el contrario, por una lesión cerebral, enfermedad, desequilibrio, genética u otra causa como pueden ser excesos y los «atajos fáciles» como la comida chatarra, el alcohol u otras sustancias, los niveles no son los adecuados, la sensación predominante será la tristeza.

Al desamor o al dolor tras la ruptura, como con muchas otras dificultades en la vida, muchas veces lo acompaña la desesperanza. El vacío es tan intenso e inmenso que nos sentimos débiles e indefensos, víctimas de una realidad que muchas veces no queremos ni creemos considerar cierta, una situación que se hace imposible de aceptar...

No es sencillo por ello tomar las riendas de un presente que no queremos vivir, y por eso solemos intentar refugiarnos en el pasado, y evitamos aceptar esa nueva realidad del presente que ahora tanto detestamos.

Por todo ello, una de las realidades más comunes en las víctimas del desamor es dejarse llevar por la desesperanza y la imprudencia. Culpamos al mundo, entendemos que ha sido injusto con nosotros llevándose eso que creíamos amor verdadero, a esa persona única que pensamos que jamás volverá a existir y, de este modo, cuando lo ignoramos, todo deja de importarnos, la vida, el presente, nuestros modales e incluso nuestra cordura.

Ante el sinsentido y el caos, la fiesta, el alcohol o la apatía pueden ayudarnos a reforzar esa idea, hasta creer que así también nosotros despreciamos la vida y somos injustos con ella, del mismo modo que consideramos que lo fue con nosotros. Podemos decidir revelarnos así dejándonos de lado, sin darnos cuenta de que, al hacerlo, los únicos que perdemos somos nosotros mismos. Sin embargo, estos «atajos» no son más que un intento de evitar la realidad, que no hacen bien al cuerpo ni a la mente, y aunque puedan parecer opciones tentadoras, no nos permiten progresar en el camino.

Seguramente puedes escucharlo de cualquier persona que combatió y superó el desamor: el tiempo te hace ver que aquel amor no era tan grande ni tan bonito, y seguramente tampoco tan puro; y la verdadera justicia en la vida no tiene nada que ver con todo esto.

Llegará el día en que la vida te demuestre tu propio engaño, y para conseguirlo, cuanto antes decidas comprender que no hay peor remedio que dejarse llevar y arrastrar por el sinsentido, antes lo conseguirás. Los excesos de todas las clases se asocian directamente a tu estado físico y emocional, así que cuanto antes elimines este estilo de vida, ya sea temporal o definitivamente, mejor te sentirás y más estable será tu organismo.

Una de tus prioridades en este duelo debería ser luchar por tu propia justicia y, no hay mejor manera de combatir este duelo que manteniendo limpia tu mente y fuertes tus energías. Este es tu momento para pasar a la acción, no hay otro. Convéncete firmemente de que al menos hasta que seas tú quien controle este duelo y no al contrario, ciertos excesos, el desinterés y la imprudencia tienen que desaparecer de tu vida.

Necesitamos alegría, pero también calma, tranquilidad y una mentalidad mucho más sana y abierta. Necesitamos creer en nosotros mismos y en el mundo, y por todo ello no debemos dejar engañarnos por falsas necesidades que solo nos alejarán de nuestros verdaderos objetivos.

En este nuevo camino en el que no solo cambiará tu realidad sino también lo harás tú, acercándote a esa persona que muchas veces has soñado ser, existirán remedios que deberás incorporar, pero también encontrarás acciones como estas, destinadas a eliminar de tu vida todo aquello que no solo no te sirve, sino que, además, te hace más daño.

Elige tus propios remedios

- Si sueles dejarte llevar por conductas excesivas, es hora de eliminarlas, al menos durante el tiempo en que el dolor del desamor o la ruptura siga nublando tu presente.
- Siente y disfruta de tu propia fuerza. Tú estás luchando, te haces justicia y trabajas activamente por cambiar tu realidad; pronto no solo superarás el dolor, sino que te habrás superado a ti mismo.
- Busca experiencias o realidades en las que te haga actuar más la impulsividad que el sentido; intenta aceptar que puedes cambiar las cosas y empieza por cambiar esto.
- Aleja de tu vida, al menos hasta que hayas superado el dolor, muchas de aquellas cosas, personas y situaciones que te mantienen herido, o te hacen sentir descontrol o desequilibrio, y llénala más de todo aquello que te hace sonreír.

Descubre tus monstruos y combátelos

Es muy probable que, con el tiempo, gracias a tu intención y responsabilidad y ayudado también de libros como este, te des cuenta de cómo esta etapa y todo lo que el desamor trajo consigo ayudaron a que te conocieras más y mejor de lo que lo habías hecho nunca.

Serás tú quien sienta el duelo y conviva con él, y será la vida la que te demostrará que no existe otra manera para superar el dolor que responsabilizarte de este y trabajar por cambiar.

Ignorar el duelo no servirá de nada, como tampoco buscar sustitutos en el alcohol, la fiesta, nuevos amores o conquistas. El cambio debe ser real, exclusivamente tuyo. Solo tú deberás comprender cuáles fueron tus errores, no esos fallos que te llevaron a perder a tu expareja, sino los que te hicieron perderte a ti mismo, durante aquella relación.

La tristeza llega a tu vida porque necesitas un cambio, el tuyo, y no desaparecerá hasta que te pongas a trabajar en ello. Solo trabajando en ti podrás darte cuenta del poder de la química en tu realidad, o de cómo llevando una vida sana y conociéndote mejor, comprenderás también mejor esas sensaciones que siempre te acompañaban, tus sentimientos o emociones, la realidad que te hace ser quien eres y comportarte como lo haces.

Serán muchos los beneficios que esta etapa traiga a tu presente: descubrirás cómo disfrutar de la soledad y a ser responsable con tu vida, conformando una realidad mucho más sana y auténtica de la que tenías en el pasado. En mi caso, saber decir basta esa confusión interna que creaba mi cabeza supuso un antes y un después al desamor. Estaba lleno de ideas y emociones que me hacían perder la razón, pero, tras una buena temporada, un grito de lucha empezó a surgir en mi interior, un «*¡BASTA!*» en mayúsculas que conseguía parar aquel conjunto de ideas sin orden ni sentido que me torturaban.

Cada vez mis gritos de lucha serían más y llegarían antes, evitando que mi mente se perdiera en la sinrazón y recuperando las riendas de mi vida nuevamente, para intentar trabajar en la solución. Del mismo modo, ante la paranoia debería lidiar con la ira, los miedos, la preocupación, la ansiedad y muchos otros monstruos que aquel duelo traía a mi presente.

En primer lugar, debemos ser conscientes de que la química está haciendo de las suyas. Ya conocemos el poder que esta puede tener: lo que en sus inicios nos hizo vivir en el país de las maravillas, acompañado seguramente de muchas de nuestras creencias, ilusiones y necesidades, nos hace después perder el norte, y nos termina sumiendo en la más amarga de las penas e incomprensiones, un remolino de emociones sin orden ni sentido que hace que se nos haga difícil seguir respirando.

Solo existe una opción para la lucha, y es nuestra responsabilidad trabajar en ello y comenzar a atacar cada uno de los monstruos que cobran forma en nuestro presente. Debemos reconocer no solo los cambios químicos, sino también la ira, ya sea contra nosotros mismos, contra la vida o contra la expareja; debemos hacer lo mismo cuando aparecen la negación o la tristeza, comprendiendo que son algunos de los derivados de un duelo que pronto llegará a su fin si luchamos por cambiar.

Deberemos evaluar muchos de nuestros miedos y ansiedades, luchar con todas nuestras fuerzas y herramientas por combatir aquellos que nos quieran mantener bloqueados y alejados del presente y de la vida...

Tal vez la mejor forma para tratar los problemas que irán llegando será usar esa capa que la vida nos dio y todos llevamos con nosotros; una fuerza interior que nos dará energía para conseguir volar más lejos de lo que creíamos posible y luchar por recuperarnos.

Elige tus propios remedios

- Reconoce el poder de la química y siéntela tanto en ti como en alguno de tus desequilibrios y necesidades. Intenta realizar alguna acción para equilibrar tu organismo. ¿Ves cómo cambian las sensaciones?
- Cuando lleguen a tu vida momentos de ira o rabia, compréndelo, entiende que el motivo es el modo en que estás viviendo el desamor y no hay otros culpables.
- Si la impaciencia o la preocupación llegan a tu presente, déjalas de lado. No es necesario buscar justicia en el mundo o demostrarle nada a tu ex. Solo hay una necesidad y esa es la de volver a recuperar la ilusión por la vida. Recuerda una sola cosa: ya estás trabajando en ello. No te tortures y sigue ocupándote de ti.
- Aprende a reconocer tus monstruos cuando llegan, a calmar tu mente y saber tratar con ellos.

Sintoniza la estación «canciones de vida»

Uno de los remedios más sencillos, útiles y directos para devolver la sonrisa y la esperanza a tu presente es sintonizar la estación de la vida utilizando una de sus más potentes y directas herramientas: la música.

Sé que en ocasiones te resultará complicado creer todo lo que puedas leer en este libro, pero puedo asegurarte que en el desamor las cosas muchas veces no son lo que parecen... Al igual que tú, he pasado por ello y puedo entender que una de las cosas que más cuesta dejar atrás es precisamente ese sentimiento de amor que, a veces, nos parece increíblemente mágico.

Una de las mejores maneras de mantener esa venda, de seguir sufriendo y magnificando aquel pasado, es torturarnos con canciones tristes en las que podamos ver reflejada nuestra pérdida y toda la magia que creímos vivir. Martirizarnos y mantener con nosotros esa idea de víctimas puede convertirse en uno de nuestros peores errores.

Durante este duelo, parece que un remolino quiere arrastrarnos; un presente en el que un tipo de música, como las canciones de amor o despecho (ya sea en forma de baladas, bachatas, e incluso de reguetón), gana fuerza sobre el resto. Sin embargo, tenemos que salir del remolino lo antes posible.

Ya decidiste ser responsable de tu vida y uno de los principales requisitos en esta nueva aventura, un deber que tienes que mantener mientras leas estas páginas, es intentar llevar a cabo las tareas que irás descubriendo. Una que podrías empezar a hacer hoy mismo es eliminar de tus listas de música, colección de películas, libros o cualquier elemento de tu realidad, canciones o historias de amor, desamor o despecho, y hacer todo lo contrario, esforzarte en buscar, recopilar y conseguir los mejores ejemplos llenos de vida y presente, ilusiones, movimiento y felicidad... Si acompañamos, por ejemplo, el deporte con este tipo de canciones, recordaremos con cada paso que estamos trabajando por hacernos justicia, que somos la persona más importante de nuestra vida, alguien responsable que pronto se sentirá mejor que nunca. Apuesto que pronto podrás decir adiós a tanto dolor y volver a disfrutar del presente.

La música nos sumerge en frecuencias y estados de ánimo y son sus acordes, letras o tonalidades, los que tocan en nosotros esas fibras internas que, al igual que una llave, consiguen abrir nuevas puertas o arrancar motores que pueden meternos de lleno en el presente o mantenernos en la melancolía de tiempos pasados.

Puedes hacer la prueba tú mismo y te darás cuenta de que este es uno de los caminos más rápidos para tu recuperación. Ahora es deber tuyo reconectar con la vida, así que lucha por sintonizar lo mejor que puedas con su estación. Ya llegó el momento de cambiar de emisora y conectar con todo aquello que aporte más a tu vida, devuelve a tu realidad nuevas canciones, *canciones de vida*.

Elige tus propios remedios

- Elimina de tu vida canciones de amor, desamor o despecho y haz lo mismo con cualquier elemento o realidad que pueda hacerte sentirlo (libros, películas, compañías, revistas, páginas en redes sociales, etcétera).
- Introduce en tu presente todo aquello que te inspire y te haga sentir vivo: canciones, libros o documentales que te aporten alegría, movimiento y energía. Incorpora realidades que te hagan sonreír y reconocer la fuerza con la que estás trabajando en ti, que te ayuden a aceptar que eres mucho más fuerte de lo que habías imaginado.
- Intenta fluir con la naturaleza, las personas y las experiencias que te acerquen al presente. Sintoniza con la vida de la mejor manera posible, haciendo uso de todos tus sentidos.
- Acompáñate también de una bella melodía para trabajar en ti y tus remedios. Siente cómo corriendo junto a estas canciones recuperas la ilusión.

RECUPERA TU CENTRO

«Y empecé a librarme de todo lo que no era saludable: situaciones, personas, gustos y cosas. Lo llamaron egoísmo, yo lo llamé "amor propio"».

CHARLES CHAPLIN

Si nos queremos bien, poco nos importarán el futuro o las dificultades, el mal tiempo o la injusticia, poco valor daremos a ser juzgados y tendremos también cosas mejores que hacer que juzgar a los demás. Sonriendo a la vida, la vida también nos sonreirá a nosotros.

En ocasiones, disfrutar de este tipo de amor nos parece algo imposible de conseguir, pero no debería ser así: ese es nuestro estado natural, nuestra esencia. Así nos sentíamos y vivíamos cuando éramos niños, pero es común que, al crecer, y muchas veces sin darnos ni cuenta, empecemos a valorarnos de un modo distinto, con los ojos de los demás. Nos diferenciamos, competimos, necesitamos cosas que nunca antes nos habían importado, empezamos a buscar el éxito, la fama, la riqueza... y de este modo llega la infelicidad.

Buscamos tantas cosas afuera que, sin darnos cuenta, dejamos de lado a ese ser que un día fuimos, perdimos toda esa inocencia que nos hacía amar incondicionalmente al mundo, a la naturaleza, al presente, a la vida y lo que cada nuevo día tenía por regalarnos...

Debemos aceptar y recordar que ese amor es el principal motor de la vida, y cuando lo hagamos, nos corresponderá comprender que no existe mejor remedio que aprender a obtenerlo de nosotros mismos. Este duelo que vives puede ser el mejor momento para desconectar con lo de afuera, intentando reconectar contigo y tus verdaderas necesidades.

No se puede dar lo que no se tiene. Es sencillo aceptar que, si no sabemos apreciar la vida y a nosotros mismos, si no sabemos querernos, no sabremos apreciar a los demás. Tanto para superar este difícil reto como para ser realmente conscientes de nuestra realidad y de las personas que llegan y llegarán a ella, disfrutar de uno mismo debe ser nuestro principal objetivo, y para conseguirlo no hay nada mejor que hacer más cosas que nos conecten con el mundo y el presente, con esa esencia que vive en nuestro interior. De nada sirve engañarse, porque tarde o temprano la vida traerá a nuestro presente aquello que necesitamos aprender. Y en el verdadero amor, esta es la principal verdad: ser responsables para comprender que, antes de amar a los demás, es necesario saber hacerlo con uno mismo.

Solo existe una justicia: la tuya propia

Seguían llegando lecciones a mi memoria y entre ellas había una que me recordaba que ni yo era una víctima, ni el mundo, un infierno en el que tenía la desgracia de haber nacido. Era inútil creer en la justicia universal, ya que esta nunca ha existido. Son muchos los ejemplos que lo demuestran, y que nos ayudan a entender que es mucho más sano luchar por nuestra propia justicia o, dicho de otra manera, por nuestra felicidad.

De poco sirve lamentarse por la mala suerte o echarle la culpa a los demás; ni el clima ni las oportunidades son iguales para todos, ni tu expareja es perfecta o única, y tampoco su pasado o modo de observar la vida puede que tengan mucho en común con el tuyo.

Por todo ello, en lugar de intentar demostrar algo a quien decidió seguir otro camino, es más sano y eficiente trabajar por ti y demostrarte realmente lo mucho que vales. Llegarás mucho más lejos y, sobre todo, el día que te toque valorar tu vida, tendrás pocas cosas que poder echarte en cara...

Piensa en lo poco inteligente de tu reacción ante el desamor. Desde hace tiempo sufres como no recuerdas haberlo hecho antes, vives en el pasado recordando e idealizando a tu ex, mientras esa persona es tan humana que seguramente ni se interesa por tu sufrimiento, puede que incluso te haya engañado y, seguramente, hace tiempo disfruta del presente mejor que tú. Piénsalo bien y, si sientes odio o rabia, canaliza esa energía hacia un único objetivo: hacerte justicia.

Puede que la realidad te haga sentir pequeño o indefenso, puede incluso que te hayan dejado por alguien más alto, joven o aparentemente más simpático, pero no habrá nada que consiga modificar tu realidad si tú no haces algo para cambiarla. Tu ex difícilmente cambiará de opinión por mucho que lo intentes. Tampoco será diferente lo que ya ocurrió. Lo único que puede cambiar, realmente, es tu manera de observar la realidad y el modo en que decidas afrontarla a partir de ahora.

Si reconoces a ese niño interior que siempre ha vivido en ti y trabajas por devolverle la sonrisa, si te centras en tu realidad, ilusiones y necesidades, seguramente muy pronto habrás respondido a esta y otras preguntas. Te habrás hecho justicia, demostrándote que poco importa lo que puedan opinar otras personas o los errores que puedan haber cometido, la responsabilidad de tu felicidad y el modo de conseguirla o disfrutarla es, y siempre será, únicamente tuya.

Demuéstrate que vales mucho más de lo que este dolor te hace sentir y pronto será la vida la que demuestre al resto del mundo lo mucho que vales. Esa será tu justicia y esta debe ser tu meta.

Elige tus propios remedios

- Investiga y encuentra ejemplos, en el planeta y en la vida, de personas, razas, animales o experiencias en las que nunca existió ni existirá justicia que puedas creer universal.
- Descubre realidades en vidas como la de Nelson Mandela, Nick Vujicic o Stephen Hawking, personas que lucharon por perseguir sus sueños a pesar de que la vida puso todo en su contra. Busca estos u otros ejemplos hasta encontrar el que mejor se adapte a ti; lee sus biografías, descubre películas o documentales sobre ellos o haz lo que tengas que hacer para aceptar que fueron sus sueños e intenciones los que consiguieron cambiar su realidad, y no sus problemas.
- Rescata de tu historia, de la de tu familia o de tus seres queridos, ejemplos de superación en los que se pudo demostrar que la vida cambia si trabajamos por conseguirlo. Quedarte quieto no sirve de nada.
- Y ahora prepara una serie de actividades que podrán ayudarte a sentir el cambio, a comprender aquello que consideras justo para ti, y persigue esos objetivos.

Tus propias reglas, tus propios sueños

Recordando aquel periodo y reconociendo duelos parecidos en amigos, familiares e incluso completos desconocidos, decidí poner un nombre a este tipo de crisis existenciales y utilizarlo para titular este apartado. Toda crisis nace por una necesidad interna de cambio y toda exigencia de cambio nace porque nos sentimos equivocados o desafortunados, pero... ¿por qué nos sentimos así?

Normalmente el origen se da ante un golpe de la vida, y el más común es la pérdida, una situación en la que nuestra edad puede hacerlo todo todavía más complicado. Errar nos hace sentir que puede que estemos equivocados o debamos modificar alguna de nuestras creencias, mientras que la edad parece indicarnos, equivocadamente, que tal vez esta fue nuestra última oportunidad.

Una de las crisis más comunes es la de la edad adulta; también existe la de los 30 años, los 40 e incluso los 50, pero difícilmente observaremos este tipo de problemas en niños o personas mayores. Los primeros, por considerarse eternos saben que tendrán muchas más oportunidades; los últimos son más sabios, y aceptan que en la vida no importa ganar o perder, sino probar y seguir probando.

En aquel presente, tras tanta prueba y error, me di cuenta de que podría existir un atajo que no solo me ayudara a realizar antes el cambio que necesitaba, sino, sobre todo, a reconocer qué partes de ese «viejo yo» sería bueno llevarme conmigo y qué otras era mejor dejar atrás.

Esta lección podía ser la base de este libro, una verdad que decía que no existe mejor ayuda para toda búsqueda que identificar bien aquello que debemos buscar, conociendo igualmente cuáles son nuestras propias herramientas; en otras palabras, descubrir la regla con la que medir nuestros propios pasos y creencias, y con ello, nuestra propia vida.

Si lo pensamos bien, la mayor parte del dolor provocado por las crisis se produce al sentirnos incomprendidos, al no encontrar el apoyo en nuestros seres queridos o incluso al ir en busca de algo que, aunque lo creamos en ese momento, realmente no necesitamos. Nos movemos según las reglas de otras personas, según sus puntos de vista, intereses e intenciones, sin darnos cuenta de que los demás, a su vez, cometen el mismo error, lo cual provoca una cadena de desdicha sin sentido.

Pocas son las personas que no juzgan, y seguramente deberían ser ellas las que nos ayudaran a crear nuestra propia vara de medir. Quienes no juzgan, al igual que nosotros ahora, se dan cuenta de que la vida es algo muy diferente a aquello que nos han contado o se empecinan en hacernos ver; reconocen que cada ser humano es único y que el peor modo de resolver los conflictos de cada realidad es perseguir los sueños de los demás. Deberíamos aceptar y entender que cada persona es un mundo, con sus propias necesidades y sentidos…

«Ten hijos, consigue y disfruta del éxito, sé un buen cristiano, aléjate del fracaso o de los fracasados, trabaja duro, ahorra, sacrifícate para conseguir dinero y seguridad y poder disfrutarla ese futuro día en que puedas jubilarte —si es que sigues vivo—, disfruta del único y verdadero amor con la pareja —si se puede del sexo contrario— y nunca, y menos a partir de cierta edad, decidas ir contracorriente». En resumen, este es el modo en que la sociedad nos dice que sentemos cabeza. A mí me parece, sin duda, el mejor de los consejos para perderla...

Sin darnos cuenta, nos convertimos en ovejas que siguen los consejos de otras ovejas, mientras el pastor prefiere disfrutar la vida como realmente desea, desde la sombra. Y de este modo nos movemos persiguiendo esa figura o ideal que creemos que un día, con el paso del tiempo y mucho sacrificio, conseguirá darnos la felicidad. Y si perdemos a esa pareja o ese sueño que pudo habernos hecho conseguir —en un futuro— la felicidad, si no disfrutamos del éxito o fortuna mientras otras personas cercanas parecen haberlo conseguido, llegan las crisis, que son más profundas dependiendo qué tan arraigadas tengamos estas reglas y más creamos como ciertas todas estas formas y normas que muchas veces nada tienen que ver con nosotros mismos. Son reglas equivocadas porque jamás toman en cuenta el factor más importante: que cada persona es única y que únicos deberían ser también nuestros sueños y necesidades.

¿Acaso la vida nos demuestra que todas las parejas son felices? ¿Realmente solo existe el amor en pareja y es tan importante o mágico casarse? ¿Has pensado todo lo que conlleva tener hijos y educarlos para que sigan sus propios sueños y necesidades, y no las tuyas? Esta y muchas más preguntas deberían ser planteadas mucho antes de que el dolor llegue a nuestro presente, ya que seguramente así sabríamos reconocer y tratar el problema por su nombre, sin prisa, y poniendo cada cosa en su lugar, dando el peso justo y valor a todo aquello que sentimos. Conociéndonos bien y siguiendo nuestras reglas, sabremos cuál es el camino que realmente deseamos vivir y si nos estamos o no desviando de nuestro objetivo para, en caso de que lo necesitemos, poner nuevamente las cosas en orden y proseguir, animados, nuestro recorrido.

Si no damos importancia a esta realidad y seguimos moviéndonos por los deseos de otras personas, llegarán nuevas crisis y nos harán tambalear, sumergiéndonos de lleno dentro de una angustia que ni siquiera nos pertenece, un horrible lugar lleno de miedos del que cada vez se nos hará más difícil escapar. Solo existe un modo de salir victoriosos: *encontrándonos a nosotros mismos*.

Elige tus propios remedios

- Estudia tu realidad y algunos de tus principales intereses e ilusiones y haz una lista.
- Descubre y reconoce alguno de estos puntos, como pueden ser «el amor en pareja», «la relación» o «tener descendencia», y piensa realmente en tus verdaderos motivos respecto a esa intención.
- Reconoce e investiga otros modos de comprender esos sueños. Descubre si son realmente tuyos o pertenecen a tus padres, amigos o a la sociedad.
- Empieza por poner orden y prioridad a tus verdaderas necesidades, acepta cómo muchas de esas ilusiones que creías que podrían acercarte a la felicidad, realmente no lo hubieran hecho, y menos en el caso de vivirlas o mantenerlas como lo hacías.
- Estudia nuevamente la lista anterior y deja solo aquellos intereses que te pertenezcan única y exclusivamente a ti, no importa si son pocos.
- Visualízate cumpliendo alguno de esos sueños que te pertenecen y busca, apunta y realiza una primera acción, por pequeña que sea, que pueda acercarte a ellos.

Practica el contacto cero

Una de las primeras y más importantes acciones en este camino en el que decidiste adentrarte es volver a conectar con la persona más importante de tu vida: tú mismo. Por eso, evitar cualquier tipo de contacto con tu expareja debería convertirse ahora en una de tus prioridades.

No existe mejor momento para empezar a hacerlo que ahora: evitar el contacto no solo ayudará a superar las primeras etapas del desamor, sino que nos acercará lo antes posible a su fin, mostrándonos todo aquello que esta lucha que estamos sufriendo trae a nuestras vidas.

En todo duelo, inicialmente, negamos lo ocurrido para ir alternando la rabia con distintos intentos de negociación. Estas son las primeras fases, periodos que, de no eliminar todo contacto con nuestra expareja, pueden hacerse eternos y llegar a obsesionarnos o a hacer de nosotros la más inconsciente y triste de las marionetas.

Si el amor termina y la decisión no fue nuestra, es bueno intentar negociar por si todo fue un error, pero no debemos hacerlo eternamente. Si existe algo por lo que luchar, no hay mejor manera que observarlo en esos inicios, reconociendo lo que esa decisión definitiva podría traer consigo. Pero si, a pesar de hacer todo lo que está en nuestras manos, nada cambia, debemos aceptar que hay que seguir adelante, ya que no hay nada más importante por lo que luchar que nuestra propia felicidad.

Mantener el contacto te mantiene atrapado en el duelo, pasando de la negación a la negociación y distribuyendo la rabia entre tú, tu ex e incluso la vida misma. Un círculo vicioso que puede llevarte a idealizar a una persona y a una relación que, tal vez, en realidad hayan sido todo lo contrario.

Mantener el contacto cero significa hacernos responsables de nuestra felicidad, que es el único modo de descubrir la verdad que se esconde en esa historia que ahora termina, y también en nosotros y en nuestra propia vida.

Si eliminamos cualquier tipo de conexión, poco a poco podremos olvidar o cambiar muchos de esos pensamientos (muchas veces engañosos e inciertos) que sostenían aquella falsa idea de amor. Durante el duelo, no deberían importarnos el presente o el futuro de nuestra expareja, y tampoco si habrá o no rehecho su vida, ya que nuestro principal objetivo ahora es recuperar la nuestra. Debemos ser sinceros con nosotros mismos, ya que, si algo valiera realmente la pena, no nos haría suplicar por mantenerse en nuestra realidad. Por todo ello, al pasar un tiempo, llega el momento de recuperar las riendas de nuestra propia vida, volver a sentirnos vivos y eliminar esa venda que no nos dejaba ver la realidad.

Date esta opción ahora sin miedo ni pena, elimina todo contacto si aún lo mantienes y, una vez que te recuperes, podrás juzgar objetivamente todo lo que ahora debes dejar atrás.

Elige tus propios remedios

- Elimina el número de teléfono, las fotos, los recuerdos o los elementos que tengan que ver con tu ex, o guárdalos en algún lugar que te impida volver a ellos hasta que al menos seas tú, y no el desamor, quien controla tu presente.
- Si existen situaciones, llamadas, acercamientos, personas o realidades que mantengan ese lazo de unión, evítalas totalmente o sácalas de tu vida hasta que vuelvas a recuperar el control.
- Si tus recuerdos, sensaciones, intenciones o pensamientos te llevan a tu ex, reconócelo y utiliza algún tipo de mecanismo que te avise sobre ello. Date cuenta y enfoca tus sentidos, atención e intenciones en cualquier cosa distinta, el mejor remedio puede ser realizar alguna actividad que realmente te una a la vida, una de tus pasiones, búscala y ocúpate de ti mismo.
- Investiga y busca esas actividades o pasiones que te hacen disfrutar y dejar de preocuparte, enlístalas y empieza a practicarlas diariamente.

La soledad es tu amiga

Seguramente la soledad es una de las emociones peor entendidas y más repudiadas, pero, a la vez, una de las más necesarias y que más cosas buenas puede traer a nuestras vidas, y más cuando debemos afrontar realidades que nos causan sufrimiento. Una de las mejores lecciones que aquel duelo trajo a mi vida fue comprender la importancia y el valor que tiene elegir cómo y con quién gastamos nuestro tiempo, aprendiendo también la gran cantidad de cosas buenas que los necesarios y elegidos momentos de soledad podían traer a mi vida.

Disfrutando de la soledad, me daba cuenta también de cómo mucha gente la rechaza, y llena su tiempo con cosas, responsabilidades, vivencias, momentos y terceras personas, dejándose a sí mismos de lado sin darse cuenta. Satanizamos la soledad, considerándola el peor de los males porque nos aleja del resto de seres humanos, pero ¿en qué lugar quedamos o qué importancia nos damos a nosotros mismos?

El mundo y los otros son muy importantes, pero, sin nuestra presencia, la vida no tendría ningún sentido. Seguramente, no hay mejor forma de canalizar, reconocer, repasar y aprender sobre lo que estamos viviendo que buscando momentos con la necesaria soledad. No existe un mejor modo de devolver sentido a nuestra existencia y dejar de sentirnos perdidos que aprendiendo a disfrutar también de nosotros mismos.

El desamor trae a nuestras vidas momentos de caos, de ira y desesperanza. Es muy común creer que la compañía pueda hacernos sentir mejor, y en ocasiones será así, pero si regalamos siempre nuestro tiempo a los demás y nunca nos lo dedicamos a nosotros, nos convertiremos en marionetas sin voz ni voto y, lo que ahora es más importante, no daremos razón alguna a muchas de esas respuestas y necesidades que buscamos para volver a disfrutar de la vida.

Las experiencias y el movimiento son las bases de la vida, pero si quieres profundizar, mejorar o tratar aspectos personales o vitales, deberás utilizar parte de ese tiempo únicamente para ti. Si deseas entender quién eres y por qué actúas como lo haces, debes aprender a ver lo que sucede desde lejos y convertirte en observador de tu propia realidad. Descubrirás así los motivos por los que puedes comportarte de un modo distinto cuando estás entre amigos, con la familia o a solas. También te darás cuenta de cómo respondes al elogio o a la crítica y de cómo ciertas creencias o prejuicios te hacen ser peor de lo que imaginabas. Conocerás también los orígenes y la medida en que tu particular «forma de ser» depende de tu educación o genética, de la compañía o muchas de esas tonterías, algunas sin sentido, que has alimentado desde niño.

Será también en esos momentos de soledad en los que podrás atacar tus problemas y descubrir oportunidades para aprender a perdonar y ser perdonado, a descubrir metas o proyectos, o simplemente para llenarte de ilusión ante el recuerdo de las muchas vivencias o experiencias, y decidir así volver a traer muchas de estas cosas a tu presente.

Superar el desamor hace necesario disponer de momentos de soledad para tratar el duelo, apreciarte y cuidarte. Llenar el vacío con excesos, ruido, nuevos amores o regalando tu tiempo sin orden ni sentido, solo sirve para aplazar el problema. Y ya sabes que, si no tratas un asunto, este puede acompañarte durante el resto de tu vida, convirtiéndote a ti y a tus futuras parejas o amistades en personas infelices.

La soledad te ayudará a demostrarte que nadie, ni tu ex ni cualquier otro tipo de compañía, puede ser más importante que tú mismo, ya que, si tu estabilidad depende en exclusiva del apoyo de otros, la perderás en el instante que decidan cambiar su camino.

Tal vez uno de los mejores modos de aceptar y tratar esta soledad sea decirnos que, mientras la persona amada se aleja, quien llega a nuestra vida somos nosotros mismos. Un yo renovado y luchador que nos ayude a convertirnos en alguien mejor y más fuerte, esquivando los distintos caminos que crearán nuestra propia historia.

Llegó el momento de aprender a cuidarse, para pensar en las lecciones de aquello que pasó, para distinguir qué es aquello que vale y qué otras cosas debemos dejar atrás, para descubrir cómo podremos mejorar también nuestro futuro, no solo para vivir y disfrutar del amor, sino también para entenderlo de un modo que nos traerá mucha más felicidad y menos dolor.

Elige tus propios remedios

- Encuentra un espacio tranquilo para dedicarlo única y exclusivamente a ti e intenta practicar este ejercicio a diario. Puedes leer, escribir, pintar o meditar, lo que hagas durante este tiempo es única y exclusivamente tuyo. Cuanto mejor te hagan sentir, más valor e importancia darás a estos *momentos tuyos*.
- En tus primeras sesiones a solas, dedícate a perdonarte por todo el tiempo perdido, por todas esas veces que no has querido pensar en ti o en tu vida, por tanto dolor y tristeza acumulados.
- Acompaña la soledad con la práctica del ejercicio para poner en orden tu vida y problemas, y descubrir soluciones.
- Disfruta de esta calma. Conocerse es tan importante como conocer el mundo y es mejor hacerlo tarde que nunca.
- Alégrate y sonríe siempre que pongas en práctica este remedio. Hazlo porque eres valiente y porque, disfrutando de la soledad para conocerte, no solo pones en orden tu vida, sueños y objetivos, sino que, sobre todo, reconoces también tus miedos y limitaciones. De este modo podrás eliminar todo aquello que debas alejar y atraerás todas esas lecciones que puedan ayudarte.

Elige y disfruta de tus seres queridos

Dicen que los verdaderos amigos se reconocen en los malos momentos y es una verdad que tarde o temprano la vida se encarga de demostrarte...

Ante la adversidad o los problemas, mucha gente prefiere salir huyendo a invertir tiempo o energías en ayudarte. Aquellas personas que sigan a tu lado incluso en los peores momentos son las que no debes dejar escapar. Aprender a ser selectivo con quienes entran en nuestra vida es uno de los secretos más importantes para conseguir disfrutar de ella.

Ante el desamor, la pena, la apatía o tantas de esas razones que solo tú pareces comprender, todo tu mundo se desmorona, y lo mismo sucederá con muchas de esas que considerabas «tus amistades». Aunque sea duro, una de las importantes lecciones que este duelo traerá consigo será la de aprender a valorar, conservar y apoyarte en quien realmente vale la pena. Te ayudará a ser más selectivo con tu entorno y, créeme, pocas cosas hay tan importantes para disfrutar de la vida como saber elegir a las personas que te acompañan en ella.

Necesitamos saber escoger a quien nos apoya sean cuales sean las circunstancias y este periodo es un momento perfecto para hacerlo. Cuanto antes pongas límites de por medio con todo aquel que te complica el presente y el futuro, antes volverás a sonreír y, sobre todo, menos duro será tu proceso de rehabilitación. Esas personas que te animan y defienden, que te comprenden y escuchan, que sufren o lloran a tu lado, son las que necesitas tener a tu lado ahora y siempre, y no hay mejor momento que este para darte cuenta de ello.

Ante mi duelo particular aprendí a reconocer quiénes eran las personas importantes en mi vida y cuáles era mejor evitar. El desamor se llevó consigo falsos amigos acercándome más a los verdaderos, me liberó de ese tipo de personas que afectaban negativamente a mi estado físico y mental, seres tóxicos que envenenaban aquel duro presente. Aprendí a reconocer estos indicadores, y empecé a ser mucho más selectivo.

La gente tóxica afecta peligrosamente tu vida. Si junto a ciertas personas tu tristeza se agudiza, reconoce esa señal y date cuenta de la compañía que tienes frente a ti; date cuenta de que ha llegado el momento de evitar a todo aquel que te haga sentir peor.

Actúa teniendo en cuenta este indicador y observa cómo mejora tu vida mientras te haces más fuerte: estás empezando a trabajar en ti, a dar el valor justo a las cosas, y a ser más selectivo con todo aquello que tiene un efecto directo en tu estado de ánimo.

Durante tu lucha particular este mensaje de mejora debe grabarse en tu mente. No basta con entender la teoría si no la pones en práctica: empieza, si puedes, hoy mismo a elegir activamente a las personas que quieres en tu vida.

Elige tus propios remedios

- Cuando te encuentres con tus amigos, familiares o conocidos, estudia la situación y observa si eres tú o son ellos quienes afectan negativamente a tu estado de ánimo.
- Comienza a ser más objetivo y valora tu realidad para comprender qué personas necesitas a tu lado y qué otras es mejor dejar atrás. Rodéate de todo aquel que traiga alegría a tu vida y aléjate de quien provoque negativismo, dolor o excusas continuas.
- No confíes en nadie que se lamente del mundo o de la vida, ni tampoco de personas que te faciliten excusas. Apóyate de tu actuar y de tu cambio, ese es el camino.
- Elige una fecha o situación que marque un antes y un después en tu selección personal de amistades y descubre cómo con ello también cambia tu realidad.

Haz humana a tu expareja

Seguramente el peor enemigo en este duelo que estamos viviendo seamos nosotros mismos, aunque nos cueste aceptarlo. Casi la totalidad de casos de desamor que he conocido, incluida la experiencia de la que nació este libro, tienen los mismos ingredientes. En todos los casos nos cuesta aceptarlo, creemos que aquel fue amor verdadero y consideramos a aquella persona alguien mágico, único y perfecto, al que le damos un valor más importante que a nosotros mismos... La idealizamos y, en la mayoría de los casos, la idealización no viene solo tras la pérdida, sino también durante la relación. En mi caso, por ejemplo, cuando mi expareja hacía algo que no comprendía o no tenía mucho que ver conmigo o mis ideales, yo mismo cambiaba el modo de ver las cosas para comprenderla y dar razón a sus actos. En mis ansias por mantener aquel amor que consideraba mágico, había conseguido verla como única, una situación que me costaría comprender y sobre todo modificar cuando las cosas dejaron de tener sentido.

El desamor duele, pero aún más cuando crees que intentaste hacer todo lo mejor que podías, hasta llegar al punto de que incluso te dejaste de lado a ti mismo para complacer a otra persona. Ante ciertas batallas lo damos todo y más, e incluso cometemos el grave error de convertirnos en seres insignificantes; suele ser en estas circunstancias cuando, ante la pérdida, volteamos todo el valor y las virtudes hacia nuestros ex. Pero, nos cueste verlo o no, la realidad es y seguramente también fue muy bien distinta...

Nuestro propio síndrome de abstinencia nos hace elogiar esa droga y dejarnos de lado, al creer que todo tiempo pasado fue mejor; nuestra apatía y tristeza presentes, unidos a nuestro miedo al futuro, nos hacen vivir en una mentira de la que solo saldremos si realmente nos esforzamos en ello. Este es el mejor momento para quitarnos esa venda con la que, sin darnos cuenta, decidimos ocultar la realidad, porque tu ex es un ser humano con virtudes pero también con defectos...

Jamás, por mucho que lo intentemos, podremos ver las cosas con los ojos de los demás. Nuestra historia, educación, genética y ambiente son muy distintos al de cualquier otro ser humano, y es ese pasado el que forma cada presente. Tu ex es como es por todo aquello que ha vivido, y puede que un antiguo amor, un trauma, una dificultad o necesidad, la edad o incluso la superficialidad o la estupidez lo hayan hecho actuar como lo hizo contigo. Piensa en tu padre o en tu madre, o en un familiar o amigo que no se parezca demasiado a ti en cuanto a ideales, necesidades o forma de ver la vida. ¿No puede ser que su pasado, su educación o dificultades le haga ver la realidad de un modo muy diferente al tuyo? Y, si es así..., ¿no podría ocurrir lo mismo con tu ex? Puedes hacer la misma reflexión con una antigua pareja, un vecino o incluso con un desconocido.

Nuestro pasado crea nuestro presente y nuestros ideales son un conjunto de educación, sueños, cultura, genética, ambiente y otros factores que nos hacen ser como somos e ir en busca de aquello que, creemos, nos dará la felicidad; incluso nuestros gustos dependen de muchos de estos factores por lo que, aunque podamos ser seres casi perfectos, jamás podremos gustar a todo el mundo...

Intenta ser realista y comprender que, del mismo modo que un día pudiste decidir tomar otros caminos, otras personas pueden cambiar también sin ser por ello superiores o inferiores a ti, sino únicamente distintas, seres humanos que pueden acertar y también equivocarse con sus decisiones.

Entiende con todo ello que la única persona que hizo perfecta a tu expareja fuiste tú con tus pensamientos. En un inicio pudo ser su físico o inteligencia lo que te atrajo de una manera extraordinaria; después vendría el proceso de conquista, el esfuerzo y la gran cantidad de fuegos artificiales que su química hizo estallar en aquella realidad... y tras eso, el tiempo, los miedos personales, las ilusiones y las necesidades puestas en esa relación, harían el resto, pudiendo incluso haberte llevado a cometer el error de intentar ser quien no eras.

Es totalmente lógico y humano que puedas sentir rencor en muchas ocasiones, y que este rencor vaya dirigido ya sea hacia ti mismo por creer que pudiste hacer las cosas mejor, o hacia esa persona que ya no está contigo. De hecho, esta es una de las respuestas más comunes cuando nos atacan la ira o la pena, y nos llevan a idealizar aquella relación, intentando observar solo las cosas buenas que creemos apreciar desde la distancia. Pero es importante ser fuertes y reconocer que nos estamos engañando: nuestra expareja es un ser humano igual que nosotros, una persona con sus propias esperanzas y creencias, sus propios miedos, fortalezas y debilidades. Alguien que jamás será idéntico a nosotros ni podrá pensar de la misma manera que nosotros lo hacemos.

Es por ello que la culpa en este proceso no sirve de nada; lo que sirve es intentar ser lo más objetivos posibles, intentar reconocer la humanidad en la otra persona y observar con objetividad la relación pasada. De este modo, nos podrá ser mucho más sencillo reconocer patrones de comportamiento o formas de ser que llevaron a la ruptura y reflexionar sobre los errores mutuos que derivaron en tu actual presente.

Si comprendes esto y tratas de ser más empático no solo con tu ex, sino también contigo mismo, podrás aprender a aceptarte y a aceptar el pasado, incluso reconociendo que algunas vivencias no fueron las mejores, e incluso que seguramente no estaban realmente hechos el uno para el otro.

Cuanto más te esfuerces por aceptar esta realidad, más fácil te será perdonarte y perdonar, dejar ir el resentimiento y el dolor y encontrar un camino hacia la paz interior. Cuanta más paz interior consigas, más sencillo te será conseguir el objetivo que espero descubras en este libro.

Por eso, intenta practicar a diario esta nueva reflexión y en lugar de enfocarte en lo que salió mal en la relación, busca las maneras de aprender de la experiencia para reconocer que eres una persona única y aceptar que, seguramente, tu mejor futuro realmente no era al lado de tu expareja.

Cuanto mejor aprendas a humanizar a tu ex, a tu pasada relación y a ti mismo, antes podrás dejar atrás el pasado y avanzar hacia un futuro feliz en el que espero que puedas descubrir realmente de qué trata el amor verdadero. Si te das cuenta y lo estudias con detalle, todo aquello que sentiste empezó en ti y también lo creaste tú con tu forma de observarlo, sentirlo e imaginarlo.

Tu ex, ese ser que crees perfecto, es alguien de carne y hueso, con muchos miedos y también ilusiones, alguien que acierta en ocasiones y que se equivoca en otras, una persona con un pasado seguramente muy distinto al tuyo, y alguien que puede ser también muy diferente de lo que tal vez querías creer. Grábate esta tarea en tu memoria: haz humana a tu expareja y pronto tu realidad empezará a mejorar.

Para que todo empiece a cambiar, intenta recordar este capítulo a diario, más todavía cuando vengan a tu mente culpas o excusas y puedas sentir nostalgia por él o ella. Es el momento de recuperar tu centro, de dirigir tu brújula hacia ti mismo y tus necesidades; hacer humana a nuestra expareja no es un engaño, sino toda una realidad. Si tuviera que existir un dios o diosa en tu mundo, ese deberías ser tú.

Recuerda siempre que con esta práctica no estás atacando ni odiando a nadie; simplemente devuelves al lugar que le corresponde a esa persona que tenías tan idealizada, mientras poco a poco te vas dando cuenta de cuál es la realidad.

Elige tus propios remedios

- Nadie es perfecto, ni siquiera tu expareja, y debes reconocer y aceptar que esta realidad es posible. Eres tú quien puede convertirla en perfecta con tu manera de pensar.
- Haz una lista de todas esas cosas de tu ex que nada tenían que ver contigo, con tu forma de ver la vida o con tus ideales.
- Ayudándote de la lista anterior, encuentra todas aquellas ideas, creencias o prejuicios que se alejaban mucho de esa perfección que en esa persona veías reflejada.
- Estudia la vida de cualquier persona que se te ocurra: descubrirás que seguramente buena parte del pasado le haga ser quien es. Acepta que lo mismo ocurría con tu ex y también contigo.
- Acepta que buena parte de esa perfección que veías se debe a esa idea que tenías del amor, o la belleza, una opinión totalmente subjetiva y seguramente bastante equivocada.

Un clavo no saca otro clavo

Seguramente el dicho más conocido en la realidad del desamor es ese de que «un clavo saca otro clavo». Es decir, que un nuevo amor o persona puede ayudarnos a superar el dolor que nos causó la anterior. A mi parecer, sin embargo, este es uno de los mayores errores que puedes cometer si de verdad quieres superar el duelo.

Si no damos respuestas a todo lo que sentimos y únicamente cambiamos de brazos, todos esos sentimientos, recuerdos, necesidades y valores seguirán en aquel pasado, en esa persona que provocó este dolor. No habremos cambiado de página y no solo podemos volver a sufrirlo, sino que podemos incluso hacerle lo mismo a alguien que llegue a nuestras vidas, confiando en nosotros y tendiéndonos la mano...

Puede que nos cueste darnos cuenta, pero ese vacío que se ha creado en nuestras vidas no corresponde a nuestro ex. Debemos asumir, también, que ninguna nueva pareja podrá llenarlo, porque ese vacío solo podremos llenarlo nosotros mismos. Nadie más es responsable.

Si elegimos superar el dolor en unos brazos distintos, nos estaremos engañando: actuaremos por miedo, creyéndonos y convirtiéndonos en seres insignificantes, sin voz ni voto en nuestro destino, en marionetas de la vida que, asustadas ante el dolor de aquello que sienten, no se atreven a descubrir quiénes son realmente ni qué es aquello que puede hacerlos felices... Culparemos, mediremos, compararemos, juzgaremos e incluso podremos tratar injustamente a personas que no lo merecerán, que solo quisieron darnos cariño, y el error será únicamente nuestro, por no atrevernos a descubrir qué escondía aquel dolor.

Si aún duele, debemos ser conscientes de que nadie debería pagar nuestros platos rotos. Si tan especial y único creemos que fue el romance, nos corresponderá descubrir si es cierto o no aquello que sentimos antes de embarcarnos en una nueva historia. Y es que, si la iniciamos sin haber superado esta herida, jamás le daremos la importancia ni el valor que merece, ya que intentaremos descubrir, en ella o él, esas señales o ideas que nos dejó nuestra reciente cicatriz. No es el mejor momento de cambiar una persona por otra, sino de reconocer y comprender las causas que nos han provocado tanto daño.

Utilizar otro clavo para afrontar este dolor solo sirve para evitar el problema, y esta realidad podrá volver a golpearte más tarde e incluso con más fuerza. Si decides pasar de un amor a otro que lo sustituya, sin comprender que el principal error fue el modo en que te abandonaste a ti mismo, temerás la soledad y te volverás dependiente de las relaciones de pareja. Si creemos que solo podemos encontrar el amor junto a estas personas que insistimos en hacer «tan especiales», el protagonista principal en nuestras vidas será siempre el miedo y los otros. Viviremos engañados y, aunque no queramos admitirlo, siempre lo sabremos...

Con el desamor tu vida se tambalea; es por esto que todas tus acciones deben ir dirigidas hacia una meta: recuperarte a ti mismo y recuperar tu vida. Cuando descubras la importancia de amarte a ti mismo y de devolver ilusión a tu vida, dejarás de temer o de necesitar la compañía. Aprenderás a disfrutar del presente incluso en soledad, y conseguirás ser finalmente tú, y no tus miedos, quien pueda descubrir a esa persona especial, a quien tal vez no necesites, pero que un día te acompañará por el camino.

Elige tus propios remedios

- Tal vez ya lo viviste o lo estés viviendo, pero ¿te das cuenta de cómo comparas constantemente las situaciones, personas o vivencias con tu ex? ¿Entiendes que si la herida sigue abierta nadie debería pagar por ello?
- Estudia tu vida, la de tus amigos, parejas o familiares. Intenta rescatar o descubrir realidades en las que nuevos brazos o relaciones solo arrastraron el dolor y las heridas, e incluso terminaron pagando platos rotos de un pasado que no había sido superado ni entendido. Te aseguro que buscando un nuevo amor solo estarías aplazando el dolor y el duelo, tapando una herida que volverá a abrirse y provocará más daño. Acéptalo y siente el dolor que ahora sufres. ¿Crees que alguien nuevo merece sufrir por ello?

Eres libre para saborear la vida

Es muy complicado disfrutar del presente cuando los fantasmas de la relación son aún recientes. Es difícil poder ver más allá de la necesidad que aquello que vivimos genera en nuestro interior, pero tal vez la mejor manera de intentar conseguirlo sea, precisamente, aceptar esa nueva libertad. Ahora podemos disfrutar de la libertad para intentar reconectar con la vida como nunca antes lo habíamos hecho.

En estos momentos en los que cuesta levantarse, es nuestro deber intentar disfrutar de nuevas realidades, experiencias, incluso personas, de un aire fresco que pueda devolvernos la ilusión a cada nuevo día.

> Conectar con la vida te devolverá el amor, pero uno mucho más grande y sano del que crees haber perdido: recuperarás tu centro y descubrirás qué es realmente aquello que necesitas, y cómo el amor se encuentra en muchos más lugares que en una sola persona.

Viviendo te darás ese cariño que tanto necesitas y descubrirás realidades que te devolverán la sonrisa... Si aceptamos nuestra nueva realidad, podemos descubrir algo increíble, una oportunidad única de completa libertad para probar cualquier cosa que deseemos. Serás libre para vivir como mejor consideres, para intentar hacer todo aquello que pueda devolverte la felicidad. Serás libre para demostrarte a ti mismo lo mucho que vales, y también para hacer muchas de aquellas cosas que seguramente jamás hubieras vivido con tu expareja. ¿Alguna vez lo habías pensado?

En mi caso, a los muchos sobresaltos siguieron diferentes experiencias hasta que, más tarde, un viaje en solitario por la India se convertiría en una de las mejores aventuras de mi vida, que hubiera sido imposible llevar a cabo en aquella historia que dejaba atrás, y que me haría comprender que mi vida podía ser mucho más grande de lo que había imaginado, muchísimo más de lo que hubiera sido en caso de no haber conocido el desamor. Saborear y descubrir nuevas posibilidades y realidades me demostraría que aquel duelo y aquella pérdida se convertirían en toda una bendición que me ayudarían a descubrir y vivir una existencia más auténtica y personal de lo que creía posible.

Mientras intentas volver a la vida conectarás con ella, algo que hace tiempo que puede que hayas dejado de sentir. Haciendo cosas nuevas descubrirás realmente quién eres y cuáles son las cosas que te hacen feliz, una realidad que te demostrará que no solo la vida, sino también el amor, son algo mucho más grande de lo que habías imaginado.

Elige tus propios remedios

- Apunta todas aquellas cosas que te gustaría hacer, pero que no te habrías atrevido a realizar de haber seguido con tu ex.
- Elige una y haz todo lo que esté en tus manos para convertirla en realidad. Da el primer paso, uno que no haga posible dar marcha atrás.
- Si hay algo que te haga arrepentirte, responde a la siguiente pregunta: «¿cuántas vidas tienes?». Ya conoces la respuesta, así que reconoce que no existen excusas para vivir...
- Una vez que hayas empezado a disfrutar esa nueva realidad, te darás cuenta de alguna de las tantas cosas buenas que esta ruptura trae a tu vida, pero hasta entonces, apunta todas aquellas cosas que te gustaría hacer también en los próximos años.
- Recuerda y haz tuya esta frase: «¡En lugar de tirar la toalla, úsala de capa y haz tus sueños realidad!». Descubre cuáles pueden ser estos sueños y planea ideas, situaciones o experiencias que puedan acercarte a poder disfrutarlos.

La persona más importante de tu vida

Si ya comenzaste a trabajar en ti, seguro que ya sientes el cambio; puedo incluso imaginar que vuelves a sonreír y que empiezas a reconocer los muchos beneficios que tiene haber pasado por este mal trago. Reconoces en ti a alguien capaz y más fuerte, que lucha e intenta conocerse a sí mismo para hacer de su vida una más plena y con sentido. Esta sensación al descubrir y reconocer ese potencial que siempre ha existido en ti y al notar tu cambio será la mejor aliada en tu lucha.

Probablemente, el principal motivo por el que llegó el dolor era porque te estabas dejando de lado, y mejorar ahora tu autoestima es una necesidad que has comenzado a recuperar en cuanto decidiste responsabilizarte de tu vida. Debes convertirlo en tu prioridad.

Tal vez una de tus mayores preocupaciones, uno de los motivos por el que el desamor llegó a tu vida, sea no haber reconocido el principal objetivo en tu existencia; si es así, intentaré ayudarte.

> Tu meta principal es una, y estoy muy seguro de lo que digo: nada más y nada menos que cuidar y hacer feliz a la persona más importante de tu mundo, ese niño que un día fuiste y aún vive en ti. Tu mayor propósito es hacerte feliz a ti mismo.

Una acción directa para ayudarte en tu objetivo puede ser esta: busca fotos de cuando eras pequeño en tus álbumes familiares y, cuando las tengas contigo, obsérvalas, obsérvate y prueba a recordar quién fuiste, qué sentías, cuáles eran tus sueños, tus ilusiones y pensamientos. Si no tienes las fotos a tu disposición, utiliza tus recuerdos y date unos segundos para sentirlos de nuevo... Recuerda qué te hacía feliz y cómo en aquellos tiempos tu misión era bastante sencilla, ya que todos tus pasos se dirigían a disfrutar de tu vida lo mejor que podías y casi siempre lo conseguías sin muchos esfuerzos.

Es el momento de apreciarte, es hora de premiarte, así que regálate momentos, regálate personas y regálate cosas. Eres la persona más importante de tu realidad, así que háblate bien, trátate bien, no te castigues ni te culpes, reconócete y quiérete lo mejor que sepas.

Seguramente este duelo ha sido muy doloroso, recuérdalo y siéntelo. Haz fuerte ese sentimiento para hacerte justicia siempre que lo necesites y así reconocer todo lo que vales. Acepta que sí existe una persona única e inigualable en tu realidad, alguien especial a quien jamás podrás reemplazar; esa persona eres y siempre serás tú mismo.

Ahora que reconociste y recordaste cuál es tu principal propósito, en estos momentos en que luchas y creas una mejor versión de ti mismo, llegó la hora de reconocer el cambio: es momento de aceptar y disfrutar de esa nueva versión que está naciendo en ti. Dado que ahora sabes que lo más importante eres tú y que el camino está en actuar, repasa y utiliza todos estos remedios las veces que lo necesites. Recuerda que *el cambio debe ser real, que el cambio debe de ser tuyo.*

Elige tus propios remedios

- Busca un lugar tranquilo en el cual descansar durante unas horas dejando a un lado cualquier preocupación mientras escuchas tu música favorita.
- Busca fotografías de cuando eras niño, obsérvate y recuerda esas sonrisas, lo que sentías, piérdete en aquella realidad de tus recuerdos. Sonríe o llora si es necesario, cuanto más fuerte lo hagas, mucho mejor. Recuerda lo fácil que era sentirse feliz y cómo lo hacías constantemente.
- Arréglate y sal de casa feliz y sonriente, ve en busca de ese helado, dulce o salado que tanto te encanta, date ese capricho y saborea aquello que sientes. ¡Cómete la vida!, para eso estás aquí.
- Ve a correr, jugar al futbol o apúntate a un gimnasio; siente ese amor natural que la vida te devuelve al soltar por el cuerpo, en forma de sudor, todas esas toxinas que no necesitas.
- Regálate una experiencia llena de pasión, un viaje a un lugar que te ilusione, un curso de cocina o un vuelo en parapente. Prepáralo con calma, pero da ese paso necesario que haga comenzar el sueño y llenar tu vida de renovada esperanza.

REGRESA AL PRESENTE

«Date cuenta de que el momento presente es todo lo que tienes. Haz del ahora el centro primario de tu vida».

ECKHART TOLLE

Vivir en el pasado es el mayor aliado de la depresión y uno de los peores enemigos para la vida. Es cierto que existen golpes tan fuertes que pueden parecer imposibles de sobrellevar, pero la realidad y las personas nos demuestran que con la mentalidad adecuada todo puede superarse, y seguramente una cosa en común en todas ellas sea haber reconocido y encontrado un motivo para volver al presente.

La vida nos enseña que no es posible vivir en el pasado, como tampoco es posible hacerlo en el futuro, y todas las personas que logran sobreponerse a situaciones realmente complicadas lo consiguen porque regresan al presente, a un requisito indispensable para sentirse vivas.

La pérdida duele y una vida es totalmente irremplazable, pero es un deber reconocer que también la nuestra es única y que siempre tendremos que luchar para encontrar motivos por los que seguir disfrutándola. Puede que ayude saber que existen otras vidas y responsabilidades que no pueden ser dejadas en el olvido, que podemos mantener a esa persona que se fue como nuestro ángel de la guarda particular o como alguien a quien pedir consejo durante el resto del camino de la vida, o simplemente luchar por seguir sonriendo como ella hubiera querido. Debemos darnos cuenta de ello y aprender a valorar las cosas en su justa medida, aceptando que el mundo no termina aquí, sino todo lo contrario...

Puede parecer extraño que el amor cause tanto dolor, pero el problema se debe a que quien todavía ama ve en esa expareja a uno de los seres más importantes de su vida, y con la pérdida también vive una especie de muerte: la de esa persona que nunca volverá a sentir y ser como era antes.

Es muy complicado y doloroso, pero se debe aceptar que hay realidades mucho peores a las que las personas saben sobreponerse y, algo todavía más importante, entender que buena parte del dolor que sentimos se debe a esa venda que hemos decidido llevar con nosotros. El día que nos la quitemos apreciaremos cuán engañados estamos respecto a una verdad que cualquier persona que haya superado duelos como este podrá hacerte entender si sabes escucharla. Seguramente muy pronto tú mismo lo descubrirás.

Para eliminar el sufrimiento hay remedios infinitos y en este libro solo intento mostrarte los más importantes. Todos llevan al mismo objetivo, nuestra meta principal: volver al presente. En todos los casos en los que las personas se sobreponen a la pérdida existe un camino, un duelo cuyo objetivo está en no dejarse engañar por el dolor. Si esa persona que ya no está te quería como tú la quieres a ella, seguramente querría verte sonreír y no maldiciendo la vida o a ti mismo, y si te desea lo contrario, ¿para qué darle ese gusto? Esta verdad debería ser suficiente para que luchemos con todas nuestras fuerzas por volver a ese único instante, el presente, donde podremos volver a sentir y saborear la vida.

No idealices el pasado

La pérdida nos hace recordar constantemente aquello que pudimos haber mantenido en nuestra vida, y no existe una más difícil y dolorosa para el ser humano, que la de perder a un ser querido. Este es el motivo por el que ante la ruptura nos sumimos en la más dolorosa de las realidades, convirtiendo este duelo en uno de los motivos más comunes de depresión e infelicidad.

Pero como también sabemos que es posible superar la más complicada de las pérdidas, debe ser una obligación para nosotros luchar por cambiar el modo en el que sentimos y vivimos este duelo.

Si nuestra expareja decidió tomar otro camino, o lo tomamos nosotros, debemos comprender que, evidentemente, la felicidad estaba en otro lugar. Seguramente pudimos ver realidades que nos indicaban cuál sería el final, aunque ahora lo neguemos, pero sea como sea, llegará el día en que debemos mirar hacia delante, ya que la vida no nos va a esperar eternamente. Puede que nos hayamos convertido en el mayor saboteador de nuestra felicidad, algo que, aunque puede costar comprender, tiene bases mucho más lógicas e incluso biológicas de lo que creíamos.

A lo largo de estas páginas hemos ido comprendiendo muchos de los factores que nos han mantenido en el estado que nos llevó a sentir la necesidad de abrir las páginas de este libro. En este apartado desterramos uno de los más complicados de todos, y es que no es cierto, aunque nos obstinemos en creerlo, aquel pasado siempre fue mejor.

En primer lugar, muchas ideas equivocadas, fruto de la edad, educación, creencias o eso que podemos llamar las «reglas de los otros», pudieron hacerte sentir que aquella relación era mucho más especial de lo que fue; y aunque nos queramos convencer de que era realmente única, podemos también entender que son el recuerdo, el síndrome de abstinencia y muchos factores los que influyen en nuestra manera de percibir esa realidad.

El síndrome de abstinencia provoca alteraciones físicas y psicológicas que aparecen cuando la persona deja bruscamente de utilizar una sustancia a la cual está habituada o es adicta; en este caso, las emociones. Por otro lado, si sufrimos de desamor, se debe en parte a que estuvimos enamorados, y cuanto más fuerte fue aquel sentimiento, más difícil y complicado se hace también acostumbrarse a vivir sin él. Éramos adictos a lo que creímos que podía ser amor verdadero. Vivíamos por y para ello, y eran muchos los motivos: podía deberse a nuestra sangre romántica, a la necesidad de satisfacer a padres o a extraños demostrando que éramos capaces de sentar cabeza, a la inconsciente necesidad de casarnos y tener descendencia que llega con la edad; o simplemente movidos por nuestro miedo irracional a la soledad. Sea como sea, sentíamos que se nos iba la vida en ello... dependíamos tanto de esa persona que cuando desapareció, sentimos enloquecer. Ante el síndrome de abstinencia, nuestra cabeza y también nuestro cuerpo tratan de indicarnos por todos los medios posibles que necesitamos recuperar aquello que nos hacía sentir vivos. Algunas personas enferman o se deprimen, e incluso cometen locuras con tal de obtener nuevamente sus dosis, pero viéndolo desde afuera... ¿de verdad era tan única, especial y necesaria aquella persona? ¿Sabías ser feliz antes de conocerla?

Como verdaderos adictos, podemos ver en la droga de ese amor la curación de nuestro malestar, haciéndonos necesitar tanto recuperar a esa persona que nada más parece tener importancia en nuestra vida. La abstinencia, las creencias, nos hacen idealizar tanto aquella relación que llegamos al punto de darle más valor incluso que a nosotros mismos.

Existen muchas realidades en torno al amor y al desamor, pero una de ellas también dice que buena parte de cuanto sentimos se lo debemos a la química. Con el desamor, nuestro cuerpo vive un desequilibrio y desea recuperar esos golpes de felicidad que disfrutaba junto a aquella persona. Es también por ello por lo que intentamos sentirlo cuando no está, persiguiendo esos sentimientos en nuestra memoria, agrandando y recordando solo la parte bonita, esa que parece devolvernos el impulso que sentimos necesitar para seguir viviendo. Pero al final llega el día en que la realidad nos demuestra que ni ese pasado fue tan bonito ni esa persona tan mágica, y que en aquel presente que ya no es como en este que ahora vives, la magia siempre dependió de una única cosa: de tu particular manera de apreciar las cosas. Puedes ser la persona con más corazón y amor de este planeta, puede que realmente sepas y hayas reconocido en ti lo que es el amor verdadero, o que incluso hayas sabido hacerlo lo mejor que podías, pero la realidad ahora es una, y de nada te vale seguir engañándote.

La vida te demuestra que el amor de una pareja no puede depender únicamente de una de las partes, y te hace entender la verdad por mucho que tú lo dieras todo, tal vez la otra persona estaba solo dispuesta a dar un poco, y seguramente hubo muchas señales que nos demostraban todo aquello que no funcionaba. Como fuera aquel amor, ya aprendiste a reconocer que no existe nadie más importante en tu vida que tú mismo, que no hay nadie a quien debas más atención. Así, es nuestro deber esforzarnos por volver al presente.

Aquella historia tuvo su oportunidad y ahora nos corresponde a nosotros darnos la nuestra y descubrir la realidad, eliminar nuestra adicción para ver, una vez que la hayamos superado, si realmente todo fue tan mágico o si fuimos nosotros quienes nos esforzamos en creerlo así, poniéndonos una venda que nos ha mantenido desconectados de la realidad. Si ese pasado fuera tan mágico o esa persona tan perfecta, no te habrías dejado tanto de lado a ti.

Llegó el momento de observar y disfrutar una nueva y esperanzadora realidad, un presente en el que comenzar a ver también ese pasado con unos ojos distintos.

Elige tus propios remedios

- Elimina de tu vida todo recuerdo, situación, canción o condición que mantengan en ti esa idea de que todo tiempo pasado fue mejor.
- Cuando tu mente se obstine en volver atrás, esfuérzate en recordar muchas de esas situaciones que no te gustaban y te hacían sentir mal. Tráelas a tu presente para comprender que aquel tiempo no era tan maravilloso.
- Si te descubres reviviendo el recuerdo, saboreándolo y creyéndolo mágico, recuerda que muchas veces la vida te ha demostrado ese engaño. Provoca por ello en ti una reacción, un grito que diga «*¡BASTA!*» a ese tipo de pensamientos devolviéndote de nuevo al presente.
- En tu día a día, camina por nuevos lugares o encuentra nuevas situaciones que te ayuden a saborear la vida con una ilusión renovada.
- No leas noticias trágicas ni escuches o busques conocer historias tristes; intenta tener el pesimismo lo más lejos posible de tu presente.

Da vida a tus sentidos

La realidad nos demuestra que solo hay un momento para sentirnos realmente vivos, el ahora, y que no existe mejor modo para conseguirlo que hacer buen uso de ese conjunto de sensaciones que podemos apreciar a través de nuestros sentidos. No es complicado darse cuenta de que ese obstinarse por revivir aquel amor perdido nos mantiene bloqueados y desinteresados ante lo que la vida tiene aún por regalarnos.

Ya sea al abrir los ojos cada nuevo día, ante conversaciones con amigos o seres queridos, realizando tareas rutinarias, o ante cualquier actividad que requiera de nuestra presencia, nos damos cuenta de que la vida nos solicita. Pero hemos dejado de querer vivir en este tiempo presente, y por eso duele tanto cada nuevo despertar e incluso cada paso que damos.

Sin embargo, todo este libro, el abordaje de las distintas fases del duelo, de la biología, la visión de nuestra pérdida e inconsciencia, o cualquiera de los remedios de los que hablamos, deberían servirnos para descubrir la realidad. Para entenderlo mejor, necesitaremos repasar muchos de estos remedios y actuar en consecuencia, ya que será actuando como transformaremos ese dolor tan enorme que hemos sufrido en amor verdadero, algo mucho más grande y mágico que una única persona.

El amor no puede existir si no hay presente. Por ello, debemos esforzarnos con todos nuestros ánimos en dejar el recuerdo a un lado y centrarnos en volver al ahora, y no hay mejor manera de apreciar la vida que a través de los sentidos, intentando percibir todo aquello que el mundo nos obsequia a cada instante.

Nos hemos acostumbrado a que la vida esté ahí, creyendo que será eterna, e incluso considerándola la principal responsable de todos nuestros males. Un buen ejemplo se da con el desamor, un dolor que nos hace cargar con la vida «a cuestas» y sin ambición alguna, incluso odiando cada nuevo despertar. Pero es fácil aceptar que seguramente un día podamos lamentarnos del tiempo perdido... Creemos que todos los días son iguales y aceptamos periodos como estos en los que malgastar el presente se convirtió en la mejor de nuestras tareas. Pero olvidamos que cada día es un nuevo regalo que jamás volverá a repetirse. Para comprobar este error puedes observar las nubes al despertar y todo cuanto se mueve a través de tu ventana. Tus sentidos fueron creados con un único fin, ayudarte a saborear el mundo, para que puedas apreciar que cada día te está esperando para que lo disfrutes.

La mejor medicina será dejar la apatía del modo más sencillo posible: dando de comer a nuestros sentidos. Debemos volver a saborear la vida, aceptando que nacimos con esos receptores naturales, que nos ayudan a percibir las maravillas de este mundo; debemos activarlos de nuevo.

La soledad puede ser un buen aliado, y tal vez no exista mejor escenario para reconocer la vida que ese territorio que aún no ha sido corrompido por las reglas de los otros, uno lejano a la contaminación, el ruido, o las garras del consumismo: la naturaleza. Cuanto más practiques el arte de degustar el mundo con los sentidos, antes volverás al presente y aceptarás que cada nuevo día trae consigo increíbles realidades, infinitas puertas que están esperando a que las abras.

> Tal vez este duelo llegó a tu vida para que empezaras a apreciar que la realidad es algo muchísimo más grande de lo que habías creído. Poco a poco lo estás descubriendo y, si te esfuerzas en ello, estoy seguro de que muy pronto disfrutarás de la vida como jamás la habías imaginado.

Elige tus propios remedios

- Evita cualquier hábito que te haga sentir tristeza, desinterés o aburrimiento. Si no le das tanta importancia a seguir saliendo de fiesta cada fin de semana, o te aburre tu trabajo, intenta hacer algo que te haga cambiar tu modo de ver y vivir las cosas. Prueba los viajes, actividades en la naturaleza o intenta practicar alguna de tus pasiones.
- Para saborear la vida, la naturaleza nos dio los sentidos: la vista, el tacto, el gusto, el olfato y el oído. Reconócelos y úsalos a diario para sentir la vida. Puedes hacer ejercicio, observar lo que te rodea, oler la vida y llenarte de su energía, palpar la naturaleza mientras la recorres o disfrutar de la melodía de esa música que tanto te anima. Acciones hay millones, así que elige las que mejor te hagan sentir.
- Regálate vida, regálate experiencias. Si te encantan los helados, hoy es un gran día para darte ese gusto y disfrutar de tu preferido; si necesitas un perfume que te ayude a disfrutar de tu nuevo aroma, ve a por él. Muchos pueden ser los ejemplos, pero elige aquel que te conecte con el presente y con la vida. No te detengas, da rienda suelta a todos tus sentidos.

No se trata de olvidar, se trata de vivir

Ante el desamor son muchos los momentos en los que vuelven a nosotros periodos de lucidez en un intento de recordarnos lo equivocado de nuestra manera de vivir el presente. Muchas veces a estos instantes se les une la edad o necesidades personales, indicando que no solo deberíamos haber superado ya el problema, sino que también deberíamos haber logrado muchas otras cosas. Podemos pensar que se nos pasa el tren, que perdemos un tiempo magnífico que nunca volverá o que nos convertimos en auténticos fracasados, estupideces de las que nos convencemos a nosotros mismos por no querer intentar mirar más allá.

Y es que, si observamos las cosas desde otra perspectiva, ¿acaso todos nacemos programados para tener hijos o acabar casados? ¿Existe alguna certeza de que esas metas traen consigo la felicidad? o ¿quién puede decirte a ti lo que es «tu éxito»? Y la pregunta más importante de todas: ¿realmente sabemos lo que queremos o necesitamos?

A cada uno le corresponde contestar sus interrogantes, y seguramente sea la vida la que nos demuestre si estamos o no en lo cierto. Pero, si el desamor nos hace desanimarnos y nos aleja de la vida durante tanto tiempo, es seguro que mucha de tanta apatía depende de nuestro equivocado modo de entender la vida.

Existen muchísimas personas inmensamente felices sin hijos ni pareja, y tal vez sean más los no casados sonrientes que los que pasaron por el altar... Por fortuna, hoy somos mayoría quienes intentamos descubrir por nosotros mismos aquello que pueda acercarnos a nuestra propia felicidad, dejando de aceptar como borregos ideas establecidas como las de que un marido o una esposa son sinónimo de felicidad, o que es un deber de toda buena mujer traer hijos al mundo o limpiar la casa. Los tiempos han cambiado y es mucho mejor aceptar que el único maestro para nuestra vida debe ser *la vida misma*.

Tal vez en tu vida apareció el desamor para mostrarte esta y otras lecciones, y debes aprovechar estos momentos para aprender todo lo que después te ayudará a disfrutar la vida mucho mejor de lo que lo hubieras hecho de no haber pasado por esta experiencia. Como dice la canción de Manolo García: *Nunca el tiempo es perdido*, ya que todo lo que vaya ocurriendo traerá consigo grandes lecciones, verdades que podrás convertir en virtudes.

No te frustres malgastando energías para luchar contra el tiempo o contra tu desgracia. Intenta conseguir momentos de calma y te darás cuenta de cómo todo llega a su tiempo y en el orden justo, ayudándote a disfrutar de nuevas e impresionantes vivencias tan grandes como la responsabilidad que tú pongas en mejorar tu realidad. Porque solo existe una manera de acelerar este proceso de duelo y superar el dolor: conectar con la vida y disfrutarla tan intensamente que podamos reconocer y comprender que esta lucha no solo era necesaria, sino también una de las mejores cosas que nos pudo pasar.

> **No se trata de olvidar, se trata de vivir. Y uno de tus peores enemigos aparecerá si intentas combatir todo el dolor que sientes utilizando únicamente la razón.**

Existen muchas ideas erróneas sobre cómo intentar superar el desamor, alguna de las cuales, muy veneradas, como la teoría del clavo que saca a otro clavo o la que dice que odiando u olvidando el dolor pasará antes y mejor, nada más lejos de la realidad...

Es imposible olvidar si nos concentramos en ello ya que, haciéndolo, estaremos recordando constantemente lo que queremos ignorar, haciendo más grande el recuerdo y más doloroso el proceso. Lo mismo ocurre con el odio.

Si nos esforzamos en hacer más grandes los fallos de nuestra expareja, en sentirnos la peor de las víctimas o en aborrecerla y llenarla de insultos, en realidad le estaremos dando más poder, la haremos más grande.

Vive, y dejarás de recordar y de dar tanto valor a lo que un día fue, valorando realmente las cosas como fueron y aceptando que nunca más deberás dejarte a ti mismo de lado.

Si combates los momentos de dolor con instantes de vida, si vuelves a colocar el centro en ti y descubres que el arte de vivir es algo mucho más grande e importante de lo que creías, conseguirás disfrutar de todo el proceso, e incluso podrás felicitarte de haber pasado o de estar pasando ahora por esto. No necesitaremos odiar a nuestros ex, o temer al amor o al futuro, ya que aprendiendo a vivir lo mejor posible entenderemos que de nosotros depende nuestra felicidad.

Tal vez no te habías dado cuenta, pero esta lucha que estás viviendo te sirve para reconocer que mucho de ese destino, de esa leyenda que será y es hoy tu vida, siempre ha dependido de ti.

Elige tus propios remedios

- Crea un mecanismo que te haga darte cuenta cuando volviste a perderte en el recuerdo. Una vez que lo hagas, enfócate en lo que tienes aquí y ahora. Un ejemplo puede ser realizar sumas o multiplicaciones con las placas de los carros, pellizcarte suavemente hasta entender que duele o intentar descubrir la belleza de lo que te rodea. Tú eliges la acción, pero demuéstrate que estás vivo.
- No te esfuerces en odiar ni en olvidar. Si la ira o la urgencia llegan a tu vida, transforma ese sentimiento en otro más positivo, dándote cuenta de que te conviertes en alguien mejor, y con tu lucha te haces realmente justicia.
- Descubre y disfruta de tus pasiones, reconoce que mientras juegas al futbol, pintas o realizas esa actividad que tanto te gusta, no existe lugar para el lamento o la preocupación, acéptalo y busca llenar tu vida de estas actividades. Viaja, practica deporte, apúntate a clases de piano, prueba con la meditación o el *mindfulness*... Elige los que serán tus mejores remedios para sentirte más vivo o viva que nunca.

Recupera la ilusión, crea nuevas realidades

Seguramente la mejor manera de sumergirnos de lleno en el único tiempo importante para la vida sea recuperando la ilusión. En mi caso, distintas actividades me harían comprender que no solo no existían dos días iguales, sino que cada uno podía aportar cosas increíbles a mi realidad. De mí dependía disfrutar de experiencias extraordinarias, y la necesidad vital que surgía mientras volvía al presente me haría también emprender un viaje que nunca antes hubiera creído ni hecho posible.

Entraba en una nueva dimensión en la que mi antiguo yo ya no servía de nada, convirtiendo el *carpe diem* en una necesidad vital que me animaba a renacer de nuevo. Sumergirme de lleno en el presente se convirtió en la mayor y más divertida de mis obligaciones. Ante esa nueva experiencia disfrutaba, aprendía, observaba el mundo con renovados sentidos, e incluso agradecía a la vida todo lo que había sucedido para poder encontrarme ahora allí. Me sumergía en una experiencia que jamás me hubiera atrevido a vivir, y que seguramente nunca hubiera disfrutado de haber seguido en aquella relación que tanto dolor me había causado. Comprendía no solo que no hay mal que por bien no venga, sino que aquel mal o aquella pérdida habían traído mucho más bien a mi vida de lo que seguramente hubiera traído no sufrirla.

Conseguir disfrutar del presente como nunca antes lo había hecho me hacía poner en orden mi vida y necesidades, y dejar a un lado aquel pasado en que tanto me había esforzado en recrearme. Ahora mi prioridad era la vida, y aquellas necesidades y ganas de saborearla del mejor modo posible estaban eliminando también el miedo al futuro. Volvía al presente y descubría que el amor era algo mucho más bonito, mágico y extraordinario de lo que había creído. Estaba pasando a la siguiente página, comenzaba a entender qué era el amor verdadero...

En mi caso el punto y aparte tendría la forma de un viaje, pero son muchas las posibilidades y las maneras de sumergirnos de nuevo en la ilusión. También puede tomar la de un libro, de un proyecto personal o un sencillo paseo, cualquier realidad que nos ayude a comprender que, para aprender a amar a los demás, primero debemos saber amarnos a nosotros mismos.

Cualquier experiencia cuenta, cualquier vivencia que nos invite a pellizcarnos y sonreír al darnos cuenta de la magia de estar vivos nos ayudará a descubrir que no solo nos limitamos a respirar, sino que viviendo, intentamos hacerlo de la mejor manera posible.

> Sabes que todo depende de ti, y ya conoces muchas de las ilusiones que te devolverán a la vida eliminando tanto dolor, bloqueo y sufrimiento. Por ello, dirígete hacia alguno de tus sueños, recupera ilusiones y empieza a crear tu propia leyenda.

Elige tus propios remedios

- Piensa en cómo te gustaría verte dentro de uno o dos años, escríbelo y subraya aquello que consideres más importante. Conseguirlo debería convertirse ahora en una prioridad, uno de tus objetivos a mediano plazo.
- Si tienes tiempo y quieres darte cuenta de tu capacidad para cambiar tu realidad, toma de nuevo una pluma e intenta resumir cuál fue tu historia pasada en una hoja. Después, en una nueva página, comienza por redactar e imaginar cómo tú mismo consigues hacer reales algunos de los objetivos a mediano plazo (esos que hace poco has indicado) e intenta dejar espacio para indicar cómo te gustaría continuar con esa historia. Escríbela como si fuera cierta y recuerda que, si quieres, muy pronto la habrás convertido en realidad.

CAPÍTULO 4

EL VERDADERO AMOR

EL LENGUAJE DE LA VIDA

«La medida del amor es amar sin medida».

San Agustín

¿Y si el amor no fuera algo exclusivo de una pareja sino más bien fuera una manera de comunicar con la vida?

Fue la vida la que me demostraría que esa era la pregunta, y también la respuesta, que había estado buscando... Tras la ruptura había decidido sufrir, revivir la pérdida en la memoria para intentar mantener un sentimiento que consideraba tan mágico que me provocaba dolor pensar que pudiera desaparecer con el tiempo o con un cambio de mentalidad.

Yo era el único culpable de mi sufrimiento, y muchos de los motivos de ese dolor que durante meses decidí arrastrar conmigo tenían que ver con ello. Motivos que me decían que no quería dejar de sufrir porque era así como podía volver a revivir aquel pasado que yo mismo me había encargado de idealizar.

Mi vida pasada, edad, educación y, sobre todo, muchas de mis inconscientes creencias y necesidades, habían hecho que apostara todas mis cartas a ese caballo que consideraba ganador, el de la pareja. Había creído que esa podía ser una de mis últimas posibilidades para disfrutar de todo lo que pensaba que el amor, o mejor dicho ese amor, podía traer consigo. Todo esto, una fuerte atracción física y diferentes situaciones personales que había siempre dejado de lado, me habían llevado a confiar tanto en aquella historia que la había convertido en algo único, mágico e inigualable. Pero había sido yo el culpable de todo, y fue la vida la que me demostró mi gran error, liberándome finalmente de esa venda que me mantenía engañado.

Un dolor insoportable que me hacía maldecir cada nuevo día, se convertiría en mi fiel compañero y, terco por vivir en el pasado, llegó el momento en que la vida volvió poco a poco a requerir de mis servicios. De este modo, tras varios meses y dándome cuenta de que nada cambiaba, algo dentro de mí decidió emprender, al principio tímidamente, un nuevo y desconocido camino. Una necesidad nacía en mí, un interés por comprender cuál era el verdadero motivo de tanto dolor y también el modo en que debería cambiar para poder volver a sonreír como lo hacía el resto del mundo.

Cientos de dolorosos aunque a la vez mágicos días después, comenzaría a ver la luz, o mejor dicho, a sentirla dentro. Una luz que iluminaba mi presente como jamás antes había hecho, ayudada de un ingrediente al que hacía mucho tiempo decidí cerrar la puerta... Porque intentando volver a la vida recuperaba la ilusión, y con ella un amor mucho más grande e importante de lo que conocía me ayudaría nuevamente a reconectar con la vida.

Poco a poco comenzaba a hacer mucho más aquello que me hacía sentir vivo, descartando también muchas de las cosas que conseguían lo contrario. Utilizaba esta nueva vara para medir con elementos, personas e incluso experiencias, y todo ello me hacía entender que aquello que había podido sentir por mi ex ahora podía sentirlo también sin ella.

Amar se estaba convirtiendo en un arte, el arte de apreciar y saborear la vida y el presente de la mejor manera posible.

Aquel sería mi error y esta, mi lección, la fórmula y el remedio para cualquier duelo fruto del desamor o la ruptura. Aceptar y comprender que el amor es algo exclusivo de una persona, pero que esa no es ni puede ser ninguna «media naranja», aunque creamos que la envuelva la forma de príncipe o de princesa.

Solo existe una persona de la que depende todo el amor que puedas dar o recibir, y esa eres tú, nunca lo olvides.

Entendía, pues, que el proceso de duelo llegaba a su fin y, reconociendo las muchas cosas buenas que este camino había traído consigo, podía resumir cuáles eran las más importantes de mis conclusiones. El camino del duelo tiene fases muy marcadas, etapas que comienzan con la negación, la ira y los intentos de negociación, un inicio que solo busca no pasar a la siguiente fase, la llamada fase de depresión o tristeza que, bien transitada, será la que nos lleve finalmente a la aceptación y al fin de este difícil duelo.

Inicialmente el golpe se hace muy duro, y mayor es el dolor cuanto más nos dejamos de lado o cuanto más idealizamos esa relación o persona. Por ello, es natural la reacción que todos tenemos inicialmente: intentar negarlo todo. Negamos lo que está ocurriendo, intentando engañarnos de las formas más elaboradas. La intención es lógica, y podría decirse que muy humana, ya que procuramos minimizar el dolor, esconderlo para que nos haga menos daño, pero tarde o temprano la realidad se hace presente y nos obliga a reconocer la situación. Nos iremos dando cuenta poco a poco de ello, y será entonces cuando pasemos a la fase de ira, otra reacción lógica que solo busca conseguir por todos los medios que las cosas sigan como estaban antes de comenzar este difícil duelo. La intención es la misma que la de la negación: evitar el sufrimiento. Pero evitando la verdad seguimos engañándonos y nos desviamos de los pasos que nos ayudarán realmente a superar el proceso. Las rachas de negación dan lugar así a periodos de ira, que van ganando la batalla a la de seguir negando la realidad, ya que, lo aceptemos o no, el desamor no da lugar a nuevas oportunidades.

La rabia confirma cuál es nuestra nueva realidad: que esa relación idealizada terminó. Pero no queremos darnos por vencidos y mantendremos esa ira con la intención de ganar una batalla perdida. Será así como, agotados y frustrados, pasaremos a la siguiente fase, la de intentar negociar una tregua, una nueva oportunidad, una manera más lógica y sensata de conseguir lo mismo que en las anteriores fases. Sin embargo, esta acción es tan engañosa como las anteriores, ya que seguimos sin querer afrontar la realidad. Conforme el tiempo pasa y esa verdad se hace más fuerte, el dolor también crece en dimensión y es entonces cuando llegamos al punto en que nos invade la tristeza, la fase de depresión en la que nos damos cuenta de cuál es la verdadera situación.

La tristeza parece ganar la batalla, pero esta es la etapa crucial en nuestra mejora, ya que, si sabemos entenderla, conseguiremos realizar los cambios personales que nos devolverán a la vida. Si lo haces bien, te aseguro que podrás disfrutar de la vida mejor que nunca.

Si estás leyendo estas páginas, seguramente tu sufrimiento se debe a que has querido lo mejor que pudiste. Alcanzada esta etapa, es cierto que te hará sufrir, pero, como verás, este sufrimiento no será en vano.

En mi duelo personal con el desamor, pasaron meses hasta llegar a este punto. Lo había intentado todo, pero no había conseguido recuperar aquella relación ni a aquella persona que creía que era más importante incluso que mi propia vida. La tristeza lo inundó todo, y seguramente fueron los inicios de esta fase del duelo los peores momentos de una batalla que consideraba perdida. La vida me mostraba claramente que nada de aquello podía volver, pero había algo que sí podía recuperar, es más, ¡lo necesitaba! Ese algo era yo mismo.

Así, luchando por recuperar la sonrisa, tuve que aprender a ponerme a mí por delante del resto. Me costaba despertar cada mañana, me costaba dejar a un lado los recuerdos, me costaba confiar en un futuro que pudiera reemplazar un pasado que idealizaba como el más mágico de los sueños. Todo se hacía tan amargo que daba incluso miedo, pero fue así como, poquito a poquito, dándome más cariño y comprensión, aprendiendo a tratarme mejor y mejorando también mi diálogo interno, las cosas empezaron a cambiar.

Un mundo nuevo se estaba abriendo ante mí, una realidad en la que desechaba todo aquello que podía hacerme más daño e intentaba atraer lo que conseguía lo contrario. No me engañaba, simplemente me cuidaba, y cuidándome también empecé a quitarme esa venda que me había mantenido engañado ante una experiencia y una idea de amor muy equivocada.

Cuanto más y mejor pensaba en mí y en aquello que era realmente importante en mi vida, más cuenta me daba de que no necesitaba contar con alguien para sentirme completo. Cuantas más cosas buenas atraía a mi vida, más fácil me resultaba reconocer que aquel pasado, aquella relación e incluso aquella persona no había sido mejor ni única y, sobre todo, que no estaba hecha para mí.

La soledad se convertiría así en mi mejor amiga, esa que podía traerme los mejores y más sabios consejos para hacer de mí una persona realmente feliz. Una soledad a la que acompañaron el deporte, los buenos hábitos, caprichos personales que llenaban mi vida de experiencias e ilusiones, nuevas amistades y viajes, o total felicidad por un nuevo presente lleno de posibilidades. El camino había sido muy duro, pero tras darme cuenta de la realidad, practicar el contacto cero y lograr priorizarme a mí mismo y a mis propias necesidades, mi mundo cambió. Tras aquellos nubarrones tan negros y tristes que me había obstinado en mantener en mi vida, existía un sol espléndido que mostraba una fantástica realidad, una nueva forma de vivir que ahora sabía cuidar y que jamás me haría sufrir del modo en que lo había hecho. Amando la vida, la vida me aseguraba ese amor que siempre había buscado…

Sé que es muy duro y se pasa fatal. Sé que muchas veces se hace imposible creer en la esperanza, pero te aseguro que, a pesar de lo doloroso que puede ser, esta experiencia es crucial para poder avanzar y superar el duelo, ya que será en este momento cuando te darás cuenta de que necesitas conocerte mejor y darte la oportunidad de quererte. En esta etapa te darás cuenta de que por mucho que intentes llenar tu vida de personas o de ruido, estás solo con tu dolor y pensamientos. Por tanto, es fundamental que empieces por ti, como lo hice yo, aunque quizá sea algo en lo que no habías trabajado nunca.

Para que entiendas mejor el motivo por el que esta fase es la clave en el proceso, voy a intentar ayudarte a conocer la finalidad de la emoción más propia de esta etapa: la emoción de la tristeza. El término «emoción» proviene del término latino *emovere*, que significa «el impulso que induce a la acción». Una palabra que indica que las emociones son estímulos o impulsos que intentan ayudarnos a actuar; impulsos que la evolución ha ido desarrollando durante millones de años para que nos adaptemos mejor a la realidad de la vida y consigamos sobrevivir. La naturaleza creó las emociones para que nos ayuden de una manera instintiva y automática a disfrutarla mejor. Por eso no hay ninguna emoción mala, aunque muchas veces se diga que sí. Tanto la alegría como la tristeza son emociones con el mismo fin, el de ayudarnos. La tristeza suele activarse ante una pérdida, y su función es ayudarnos a recuperarnos.

Para ello, nos sumerge en una actitud reflexiva que nos ayuda a volver a la vida con más fuerza.

El problema de la tristeza es que es muy intensa y normalmente nos genera un malestar que no entendemos y nos cuesta aceptar, por lo que tendemos a evitar sentirla o a bloquearla. Es por ello que, antes de reconocer la realidad y sufrir la tristeza, solemos preferir el autoengaño de las anteriores fases del duelo del desamor. Pero intentando evitar esta fase no reprimimos o suprimimos la emoción: todo lo contrario, la hacemos más grande. Por eso muchas veces, cuando llega esta fase, la tristeza es tan potente que sentimos que no podemos con ella. Por eso es bueno intentar no engañarse y ser sinceros con nosotros mismos, por mucho que duela.

Cuando llegue la tristeza, te costará comprender el mensaje que trae consigo, pero no dejes de intentarlo. Cuanto antes lo intentes, antes podrás conseguirlo, y el apoyo de nuestros seres queridos es fundamental en esta etapa. Poco a poco, lograremos encaminar no solo nuestra vida, sino también nuestro futuro, porque podremos actuar de una manera más inteligente y necesaria, ayudándonos de personas, elementos o situaciones que nos hagan sentir mejor, y evitando todo lo que consiga lo contrario.

Podrás sentir amor nuevamente, pero un amor diferente a esa idea —muchas veces equivocada— que tenías. Movidos por la tristeza te corresponderá atraer amor para reducir el dolor y gestionar cada nuevo día. Pero no será el amor de una persona el que te ayude, sino uno mucho más sencillo de obtener y disfrutar: el amor a la vida. Disfrutando de este amor comprenderás el mensaje que la tristeza trae consigo, la necesidad de amar y descubrir a la persona más importante de tu realidad. Una persona que jamás te dejará de lado. Alguien que siempre podrá darte el cariño que necesites. Una persona que podrá ayudarte a reconocer que la persona más importante y la que más amor merece en tu vida es solo una, tú.

El desamor duele, y con mayor profundidad cuanto más hayas querido a esa persona o esa idea que te habías hecho de esa relación. Seguramente, por esa idea errónea que tenías del amor, te dejaste de lado a ti mismo, y llegados a esta fase será esencial aprender a protegerte y cuidarte. Cuanto antes practiques estos comportamientos, más rápido te traerán de vuelta a la única realidad importante en tu presente, para reconocer quién eres realmente y qué es lo que te hace feliz.

Cuando una expareja ya no está y ya agotamos toda la rabia, negación y tristeza que podíamos dirigir hacía ella, comenzaremos a agredir sin darnos cuenta a la persona más importante de nuestra vida: nosotros mismos... Y es entonces cuando se hace fundamental practicar la autocompasión para dejar de hablarnos tan mal y torturarnos continuamente, así como el autocuidado para ayudarnos a sentirnos mejor y enfrentar la vida de manera más positiva. Es en estos momentos cuando debemos practicar el fluir con la vida y el presente, para recibir ese amor que ahora tanto necesitamos.

Esa necesidad de protegernos y recuperar la ilusión hace fundamental empezar por nosotros mismos, conocernos mejor y aprender a querernos. Para lograrlo, aprenderemos a evitar situaciones y personas que nos hagan sentir peor, y en su lugar nos enfocaremos en aquello que nos hace sentir bien. Así, poco a poco, cada día mejorará nuestro diálogo interno. Poco a poco empezaremos a preguntarnos: ¿qué son esas cosas que me hacen feliz? ¿Y cuáles son esas otras que mantienen en mí la tristeza? Conforme pasan los días nos iremos queriendo más y mejor. Dejaremos a un lado la rabia o la frustración, y la cambiaremos por compasión y cariño hacia nosotros mismos. Fluiremos, pues, con la vida, y no solo lo sentiremos nosotros, sino también las personas que nos rodean. Esto nos conduce a un sentimiento y una realidad que nos regalará una vida mucho más plena y feliz de lo que tal vez habíamos conocido hasta entonces.

Esta necesidad y este proceso de fluir con la vida mejorarán nuestra autoimagen y el cariño que tenemos hacia nosotros mismos, potenciando así nuestra autoestima y haciéndonos capaces de realidades o aventuras que muchas veces no habríamos considerado posibles. Y será durante este proceso cuando más trabajemos en recomponernos y conocernos, como también aprenderemos a perdonar y perdonarnos, consiguiendo pasar la página incluso sin darnos cuenta. No habrá reproches ni culpables, porque solo nos importará disfrutar de nuestro nuevo yo y el apasionante presente.

El amor más importante es ese que debemos darnos a nosotros mismos, ya que una vez que este amor funciona, no existen el miedo ni el dolor. Al amar la vida, el presente y el futuro se llenan de bonitas ilusiones y posibilidades.

Espero que pronto puedas sentir esta realidad, y que hayas descubierto que el camino para superar el dolor que puedes estar sufriendo no significa odiar o dejar de querer a esa persona que ya no está a tu lado, ni menos aún significa buscar culpables, sino más bien es aprender a quererte a ti mismo por encima de todas las cosas.

Si sigues este camino, llegará el día en que descubras que aprendiendo a quererte estás totalmente completo y que todo aquello que puedan traer consigo el futuro y la vida solo sumará más a esa felicidad y amor que tú mismo sabes darte. Este es el mensaje que tarde o temprano trae consigo la vida, una lección que nunca deberías olvidar y que te ayudará a vivir una existencia plena y con sentido.

Si aprendes a amarte y a amar tu realidad, puedes estar seguro de que la vida te traerá todo lo que puedas necesitar.

Amar es sentir, y sentir amor depende de nuestra propia percepción hacia la vida y sus elementos. Observando la belleza en las personas, en el presente o incluso en nosotros mismos, amaremos la vida y la vida nos amará a nosotros.

Al final de este camino comprendí que, si en aquel pasado hubiera orientado el amor también hacia mi vida, mis pasiones, mis seres queridos y sobre todo hacia mí mismo, la pérdida jamás hubiera provocado tanto dolor. Si me amo bien, no necesito ninguna media naranja, como tampoco tengo necesidad de sufrir por descubrirla, ya que, si me quiero de una manera sana y pura, el amor de pareja será bienvenido, pero no imprescindible.

La cura del desamor llegó a mí en forma de lección, una verdad que jamás olvidaría y que nunca he dejado de poner en práctica. Había descubierto *el amor verdadero,* ese lenguaje con el que comunicar y disfrutar de la vida, entendiéndola y haciéndonos entender por ella, para saborearla de la mejor manera posible.

CIERRE

Pasando página, descubriendo un nuevo amor

«Cuando hay una tormenta, los pajaritos se esconden, pero las águilas vuelan más alto».

MAHATMA GANDHI

Estaba sucediendo de verdad. La vida comenzaba a mostrarme una nueva realidad respecto a esa equivocada idea del amor que tanto dolor me había provocado. Una experiencia que me demostraba que amar era algo mucho más grande y mágico de cuanto había creído.

Echando la vista atrás, recordaba ese verso que dice «es tan corto el amor y tan largo el olvido», una idea que tuvo un valor muy importante en mi duelo, ya que me ayudaba a creer que estaba luchando para no olvidar la historia más mágica que podía vivir una persona. Pero, al final, la vida me demostró lo equivocado que estaba...

Puede ser muy cierto que muchas veces, sin saberlo o, mejor dicho, sin comprender del todo lo que es el amor, nos toque sufrir realidades que den la razón a ese verso del famoso poema de Pablo Neruda. Pero si afrontamos el duelo en condiciones en vez de engañarnos, cruzarnos de brazos, u odiar eternamente a esa persona o la vida, conseguiremos reconocer los errores que hemos cometido.

Si lo hacemos bien, fácilmente entenderemos que aquel fabuloso poeta solo hablaba de una de las tantas formas del amor, una de las más básicas, pero también sobrevaloradas: el amor en pareja. Cuando un duelo o una pérdida nos hacen tanto daño, dos son los principales motivos: o realmente esa persona es alguien insustituible (aunque deberías recordar que todos somos únicos), o bien estamos cometiendo muchos, y muy grandes, errores de percepción...

Si alguien decide por voluntad propia seguir otro camino y te duele de tal manera que sientes que la vida termina, ese dolor también puede decir mucho sobre ti mismo. Seguramente no te querías lo suficiente, ni tampoco como debías; también puede que buscaras una especie de salvación o solución junto a esa persona, y es muy probable que pusieras demasiadas ilusiones en el éxito de la relación y no en ti mismo. Porque, sin lugar a dudas, el significado del amor verdadero va mucho más allá y es mucho más grande que una única persona. Para saber realmente lo que es el amor, primero hay que aprender a dárselo a uno mismo.

Amar es conectar con la vida, es disfrutarla en cualquier lugar o situación; el amor es esa sustancia que nos une a ella, haciéndonos comprender lo mágico de estar y poder sentirnos vivos.

En el proceso que narro en este libro, en esta búsqueda para comprender la realidad de aquello que sufría y para aceptar que quizá aquella relación no había sido tan maravillosa como me había esforzado en creer, comencé a caminar en busca de respuestas a preguntas que yo mismo desconocía. Pronto la realidad lo puso todo en su sitio, para demostrarme que, mientras intentaba conocerme y probaba experiencias que tuvieran que ver más conmigo, estaba aprendiendo a quererme de verdad. Y así volví a disfrutar del presente como jamás lo había hecho antes, fluyendo con él y también a través de él. Al vivir, empezaba a pasar a la siguiente página y descubría un amor mucho más fuerte, útil y duradero. Un sentimiento al que podía acompañar también una pareja, si esta valía la pena, pero que, de no tenerla, tampoco era necesario ir corriendo a buscarla.

> **Amar es aprender el arte de vivir y disfrutar de esta experiencia del mejor modo posible, sin demasiados lamentos ni arrepentimientos.**

Al final de este camino, la vida se encargó de ayudarme a reconocer también que, aunque había pasado más de un año llorando por dentro, sintiéndome perdido, fracasado e incomprendido, ese no era un tiempo desperdiciado. Todo lo que había ocurrido había servido para ayudarme a descubrir mejor quién era, qué necesitaba y cómo podía disfrutar mejor del presente. Lecciones que decían que el amor no es algo exclusivo de una pareja, sino algo mucho más grande, y que antes de lanzarnos desesperados a los brazos de alguien creyendo que así podremos descubrir la felicidad, es más importante aprender a ser feliz con uno mismo.

Te acercas al final de este difícil duelo. Puede que sea hoy, o tal vez dentro de algún tiempo, cuando finalmente comprendas que conseguiste tu objetivo. Una meta que llega a tu vida para mostrarte y demostrarte que no es un final, sino solo un inicio. Tu particular «kilómetro cero», el lugar desde el que empezar a saborear la vida y el presente con una mirada nueva y con nuevos valores, intereses e intenciones.

Alégrate y disfruta de todo el proceso mientras dure, porque si trabajas en ti mismo, es porque elegiste luchar, porque te comprometiste y porque aceptaste la realidad hasta transformarla, transformándote a ti mismo. Sonríe, porque si hubo tanto dolor, es porque también hubo mucho sentimiento. Sabes que quisiste lo mejor que podías, y llevarás siempre contigo las cosas positivas que trajo aquel amor.

Ahora empieza un camino con mucho más sentido. Una realidad que llega a tu vida tras superar un difícil duelo en el que no elegiste olvidar y mucho menos engañarte. Supiste conservar aquello que valía la pena, pero también te descubriste a ti mismo para reconocer esa venda que finalmente ahora arrancas de tu vida.

Tú lo hiciste posible, y todo el dolor que pasaste solo ha conseguido hacer de ti alguien más fuerte. Has sufrido, pero también has aprendido. Te demostraste que tanto dolor valió la pena y finalmente conseguiste transformar la pena en gloria, una alegría que ha conseguido cambiarte para siempre.

Espero que estas páginas te hayan ayudado a descubrir el verdadero amor. Estoy seguro de que comprendiste que amar es un arte, *el arte de vivir y apreciar la vida*, una realidad en la que tú eres, y siempre serás, el principal protagonista.

NOTA PARA EL LECTOR

Si disfrutaste de este libro, comprendiste e hiciste tuyo el mensaje, si consideras que te ayudó a mejorar tu calidad de vida o crees que puede ayudar a otras personas, me encantaría que me ayudaras a difundirlo en las redes sociales.

Tu valoración y recomendación me ayuda a transmitir este mensaje y también a seguir escribiendo. Por ello, si te es posible hacer una reseña sobre él, sería para mí una gran ayuda.

Gracias.

AGRADECIMIENTOS

A mi mujer, Victoria Cerdá Coca, gracias por hacer mi vida todavía más mágica y bonita.

Soy de los que creen que la vida hay que vivirla para aprender de ella, y es así como se aprende también sobre el amor.

Considerar que el único amor es el de pareja es el causante de buena parte de las desgracias de este mundo, y seguramente también la causa por la que estés sufriendo ahora. Pero la vida te demuestra que el amor es algo mucho más grande que una única persona, y que si existe una persona que debes considerar única, esa eres tú.

Una vez que sepas quererte y apreciarte, sabrás también apreciar la vida y las muchas otras formas del amor. Queriéndote, te sentirás completo y sabrás apreciar aquello que realmente te hace feliz y te llena de alegría.

Podrás así disfrutar más y mejor de la vida, de tus pasiones, de tu familia y amigos, de experiencias y necesidades. Podrás, si lo crees necesario y conveniente, volver a creer también en el amor hacia una pareja cuando llegue el momento.

Me costó mucho tiempo y esfuerzo volver a confiar en mí mismo primero, y en la vida después. El proceso fue muy duro, pero lo fue más debido a mi obstinación por considerar que aquella relación con mi expareja era algo único e irrepetible. Este fue el principal motivo que hizo que el dolor se mantuviera durante mucho más tiempo del necesario. Estaba convencido de que nunca volvería a disfrutar de esa idea de amor tan equivocada que tenía y, peor aún, estaba seguro de que jamás encontraría a nadie que valiera la pena. Pero, como habrás visto, la vida me demostró que el amor era algo mucho más grande y mágico de lo que pensaba.

Si quieres recuperarte, este será el camino. De esta manera, recuperándote a ti primero y recuperando después la ilusión, podrás volver a confiar en todas las maravillas que tu vida tiene por ofrecerte, entre las cuales también está la posibilidad de vivir nuevos amores de pareja, si crees que puede valer la pena.

Fue así como un día llegó un nuevo corazón a mi vida, un alma tan bonita y única que no me dejaba otra opción distinta que volver a confiar. Fue así como a mi vida llegó Victoria, mi gran Victoria en el amor romántico, un amor tan sincero, positivo y mágico que me ayudaría a hacer realidad muchos de mis más grandes sueños. Un amor que no busqué, pero que llegó para dar más sentido a mi vida. Un amor que me completaba y sigue completándome cada día.

Gracias, Victoria, por hacer de mi vida un lugar mágico en el que todo es posible. Gracias por sorprenderme a diario y permitirme reconocer la increíble suerte que tengo al tenerte a mi lado. Juntos, el amor se vuelve todavía más grande.

NOTAS MENTALES

NOTAS MENTALES

NOTAS MENTALES

NOTAS MENTALES